Wasserstraßenatlas
Berlin/Brandenburg 2

Zwischen Elbe und Oberer Havel

transpress DSV-VERLAG

Inhaltsverzeichnis

Die Verlage danken den Vermessungsämtern von Berlin, Brandenburg und Sachsen-Anhalt für das Einräumen des Nutzungsrechts an den topographischen Karten im Maßstab 1:50 000.

Genehmigt durch das Landesamt für Landesvermessung und Datenverarbeitung Sachsen-Anhalt Nr. LVD/2/151/93.

Ausschnitte aus den topographischen Karten 1:50000, Blatt 123 A, B, C, D. Vervielfältigt mit Erlaubnis der Senatsverwaltung für Bau- und Wohnungswesen Berlin - V - vom 13. Juli 1993.

Ciesla, Werner:
Wasserstraßenatlas Berlin/Brandenburg 2:
zwischen Elbe und Oberer Havel/
[Autoren: Werner Ciesla; Rudolf Sack; Hans-Joachim Uhlemann.] –1. Aufl.
Berlin : Hamburg; Transpress; DSV, 1993. – 69 S.:
52 Kt. (farb.)
NE: HST ; 2. Verf.: ; 3. Verf.:

ISBN 3-344-70777-9

1. Auflage

Printed in Germany
Redaktionsschluß: Februar 1993
Redaktion und Koordination im Autorenteam:
Jürgen Schödler
Gestaltung: Jürgen Schumann
Zeichnungen: Norbert Marzahn
Satz: Satzstudio MediaSoft Berlin
Druck: Maisch + Queck, Gerlingen

Autoren:
Werner Ciesla (Kartenausschnitte, Schleusenskizzen und Schiffahrtszeichen)
Rudolf Sack (Bereisungen, Recherchen vor Ort)
Hans-Joachim Uhlemann (Texte zu den Fahrtrouten und Gewässern)

Abkürzungen

HSW	höchster schiffbarer Wasserstand
HW	Hochwasser
MNW	mittleres Niedrigwasser
NW	Niedrigwasser
NoSt	Normalstau
SoSt	Sommerstau

Weitere Abkürzungen s. auch Seite 4!

Ein unverzichtbares Kartenwerk für jeden Segler, Motorbootfahrer, Ruderer, Kanuten und Surfer.
Die exakten Karten der ehemaligen Staatsausgabe stammen vom Ende der 80er Jahre. Deshalb tauchen vereinzelt noch inzwischen überholte Bezeichnungen wie F (Fernverkehrsstraße) anstelle von B (Bundesstraße) u. ä. auf. Im Gegensatz zu diesen Nebensächlichkeiten vermittelt die Situation an und auf den Gewässern den Stand vom Februar 1993, von den Autoren vor Ort akribisch recherchiert. Die in den Karten verzeichneten Symbole werden durch weiterführende Hinweise bei den Wassersporttips und den Streckeninformationen ergänzt.
Um einen Anschluß von den Märkischen Gewässern zum Band „Mecklenburg- Vorpommern" zu gewährleisten, wurde die Obere Havel-Wasserstraße bis Liebenwalde dargestellt.

Grußworte

Grußwort des BERLINER SEGLER-VERGANDES E. V.

Die unter dem Sach des Berliner Segler-Verbandes organisierten Segler aus 118 Vereinen genießen seit der Saison 1990 die freie Fahrt auf den Gewässern in Berlin und Brandenburg. Das Wasserwandern auf den herrlichen Seen mit den Verbindungswegen motiviert viele Bootsbesitzer, den Urlaub auf eigenem Kiel zu verbringen. Der Wassersport wird für die Bootsbesitzer nun noch interessanter.

Es gilt, umweltbewußt die Natur zu genießen.

Regattasegler können sich für hochrangige Regatten in und um Berlin entscheiden, ohne lange Anreisen in entfernte Bundesländer in Kauf nehmen zu müssen.

Unsere Leistungssportler bzw. Kadersegler erreichen auf dem Müggelsee oder auf der nahegelegenen Ostsee ideale Trainingsreviere.

Alle Wassersportler freuen sich auf zuverlässiges Kartenmaterial, um unter Beachtung der revierbezogenen Besonderheiten besser planen und somit sicher zum Ziel kommen zu können.

Berliner Segler-Verband e. V.

Peter Becker
Stellvertretender Vorsitzender

Grußwort des DEUTSCHEN MOTORYACHTVERBANDES E.V.

Der Deutsche Motoryachtverband als Bundesverband für den motorisierten Wassersport begrüßt die Neuerscheinung der Wassersportatlanten in den neuen Ländern. Die Wanderführer der früheren Jahre sind inzwischen vergriffen, und viele Änderungen in Folge der politischen Wende galt es nachzutragen. Für den Wasserwanderer mit den Fahrzeugen, die der Deutsche Motoryachtverband vertritt, sind die vielen technischen Informationen über Gewässertiefen und besonders auch die Durchfahrtshöhen von großer Wichtigkeit. Ältere Publikationen enthielten diese relevanten Daten nicht oder nur in sehr beschränktem Maße.

Der familienfreundliche Freizeitsport mit Motorbooten und Yachten ist auf die vielen Detailangaben besonders angewiesen, um seine Etmale festzulegen und sicher anfahren zu können. Atlanten sind ein großer Beitrag für die Sicherheit und Leichtigkeit im Verkehr, die ein besonderes Motto des Deutschen Motoryachtverbandes sind.

Besonders empfehlen wir den Benutzern dieses Kartenmaterials, vor der Abfahrt die Seiten zur Einführung in die Materie genau durchzulesen. Es gibt noch immer viele Dinge, die sich von der Planung einer Reise in den alten Bundesländern abheben. Wer informiert ist, bevor er seine Reise mit dem Boot antritt, kann sich und seiner Familie oftmals viel Ärger ersparen. Vertane Urlaubstage wegen jahreszeitlich bedingter Sperrungen oder auch Unkenntnis der Wassertiefe sind immer ärgerlich. Die Informationen hierzu sind in der vorliegenden Ausgabe Berlin-Brandenburg sehr verständlich und auch übersichtlich zusammengefaßt.

Durch die sich sehr schnell wandelnde Infrastruktur längs der Wasserstraßen in den neuen Ländern dürften sich in Kürze bereits Änderungen ergeben, die von großer Hilfe für den Wasserwanderer sein werden. Dieser Wandel kann sich aber überragend positiv darstellen, so daß bei sorgfältiger Schiffsführung keine Beeinträchtigung der Freude am Urlaub auf dem Wasser zu befürchten ist.

Rücksicht auf die Ruderer, Kanuten und Segler sollte aber auch auf den großen Wasserflächen ein selbstverständliches Gebot sein. Dazu gehört natürlich der Schutz der Umwelt auch dort, wo keine Naturschutzgebiete besonders ausgewiesen sind.

Ich wünsche allen Bootsfahrern, daß sie den größtmöglichen Nutzen aus diesem Wasserstraßenatlas zu unbeschwertem Urlaubsvergnügen ziehen mögen.

DEUTSCHER MOTORYACHTVERBAND E.V.

Franz Lang
Präsident

Kartenübersicht

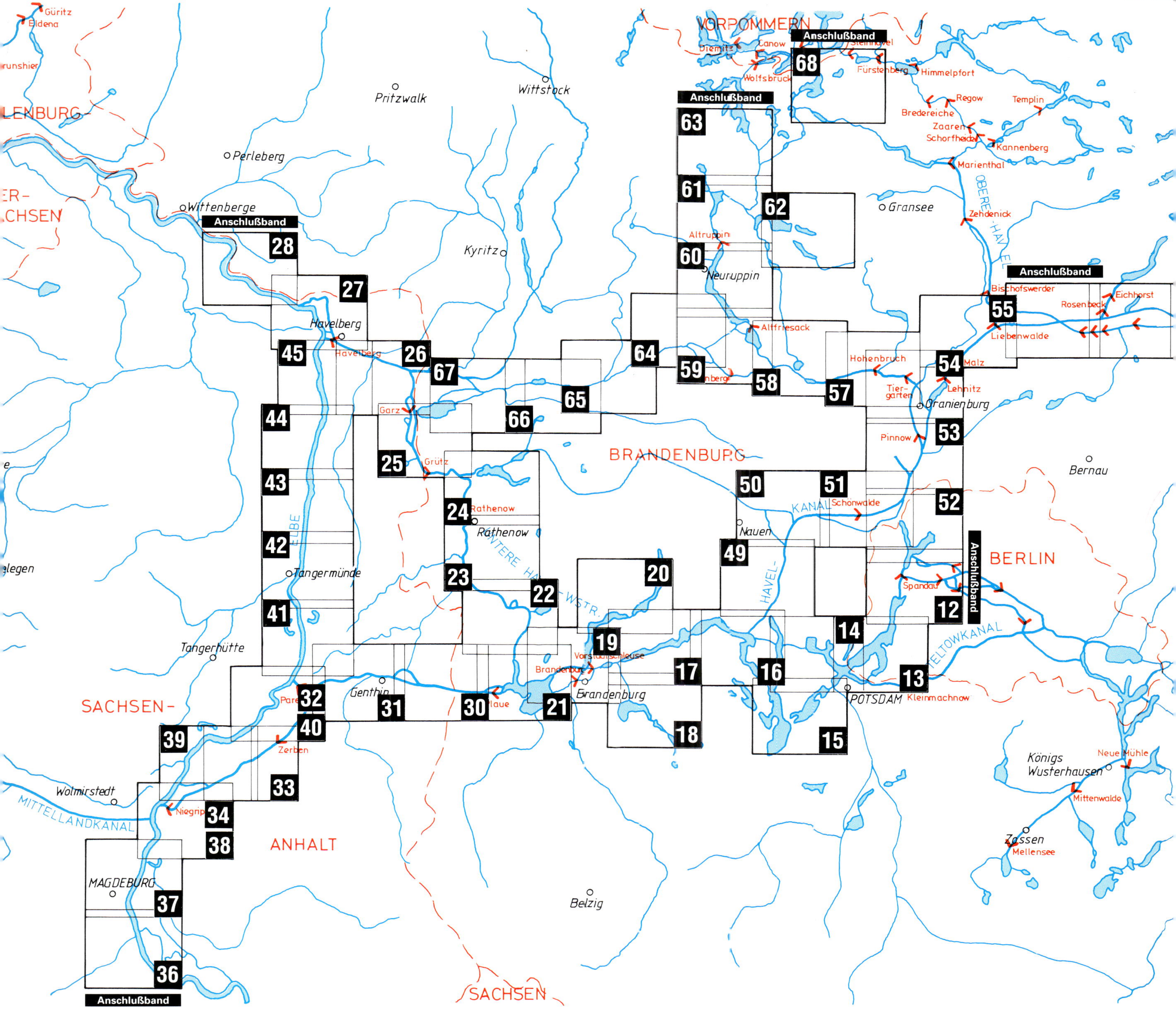

Schiffahrtszeichen und Symbole

DH	Durchfahrtshöhe (Brücken)
FKK	Freikörperkultur
Hfn	Hafen
L	Länge (B Breite, H Hubhöhe) Schleusen
l	Uferseite (U) der Wasserstraße (Wstr.) in
r	Fließrichtung/Talfahrt (l links, r rechts)
MW	Mittelwasser
NN	Normalnull
T	Tiefgang
WT	Wassertiefe

- Camping/Zeltplatz
- Einsetzstelle
- Fahrrinnenmitte
- Gewässerbereich für alle Boote gesperrt
- Hinweispfeil zur Lage der Schleusen
- Kraneinsatz möglich
- Liegeplätze, empfohlen
- Tankstelle
- Wasserschutzpolizei
- Wasserrettungsstation
- Wasser- und Schiffahrtsverwaltung

Schiffahrtszeichen

- Verbot der Durchfahrt/mit Ausnahme für Kleinfahrzeuge ohne Maschinenantrieb
- Verbot des Begegnens und Überholens
- Liegeverbot (mit Richtungsangabe)
- Ankerverbot
- Verbot von Wellenschlag und Sog
- Verbot für maschinenangetriebene Fahrzeuge
- Für Sportboote gesperrt
- Gebot, in die angezeigte Richtung zu fahren
- Gebot, anzuhalten
- Gebot, angegebene Geschwindigkeit nicht zu überschreiten
- Gebot, Schallsignal zu geben
- Achtung, Aufmerksamkeit erhöhen
- Fahrzeuge auf Hauptwasserstraße dürfen bei Einfahrt nicht behindert werden
- Begrenzte lichte Höhe
- Begrenzte Breite der Durchfahrt
- Abstand vom Ufer halten
- Einfahrtstafel
- Hinweis auf kreuzende Freileitung
- Hinweis auf Stauanlage (Wehr)
- Hinweis auf nicht freifahrende Fähre
- Liegeplatz
- Liegestelle für Schubschiffahrt/nicht Schubsch.
- Hinweisschild mit besonderer Information
- Wendestelle
- Hinweis auf Abzweig oder Einmündung eines Nebenfahrwassers
- Ende eines Verbotes oder Gebotes
- Empfehlung, in angegebene Richtung zu fahren
- Wasserskilaufen erlaubt
- Surfen erlaubt
- Abgrenzung von gesperrten oder nutzungsbeschränkten Wasserflächen
- Fahrrinnenspaltung
- Begrenzung der rechten Seite/Leuchttonne
- Begrenzung der linken Seite/Leuchttonne
- Leitfeuer — ohne Warnsektoren
- Orientierungsfeuer
  Hindernisse im/am Fahrwasser (r./l. Seite), auch Kennzeichnung von Einfahrten

Kartenzeichen

- Flüsse, Bäche, Kanäle, Seen
- Tiefenlinien, Tiefenlinienzahlen, Wassertiefenzahlen
- Fließrichtungspfeile (0,2 – Fließgeschwindigkeit in m/s)
- Gewässercharakteristik (200 bzw. 50 – Breite, 3,6 bzw. 1,0 – Tiefe in m, s – sandiger Grund)
- o 2,5 Kilometrierung (2,5-km-Angabe)
- Schleusen, a – Signatur, b – Umriß
- Staumauern u. Wehre, befahrbar (S – Stein, 200 – Länge, 8 – obere Breite der Staumauer, 97,3 – maximale Stauhöhe, 87,4 – Höhe unteres Mittelwasser in m)
- Brücken (B – Beton, 8 – lichte Höhe, 200 – Länge, 10 – Breite in m, 60 – Tragfähigkeit in t)
- Brücken mit Zug- oder Schwenkrichtung
- Hellinge, Slips (Umriß)
- Düker
- Fähre (PF Personenfähre)
- Kreisgrenzen
- Grenzen von Natur- (NSG) und Landschaftsschutzgebieten (LSG)
- Ortschaften
- Autobahnen, zweibahnige Autostraßen (2 × 8 – 2 Fahrbahnen je 8 m Breite, B – Beton, A7 – Nr. der Autobahn)
- Vollspurbahnen (zweigleisig)
- Bahnhöfe (Signatur) – Bf, HBf
- Sümpfe u. Moore, passierbar (0,6 – Tiefe in m)
- Hochwälder (15 – mittlere Baumhöhe, 0,30 – mittlerer Baumdurchmesser, 6 – mittlerer Baumabstand in m)
- Verstärkte Haupthöhenlinien mit Zahl

Einführung

Die Binnengewässer zwischen Elbe und Oder zählen mit zu den schönsten Wassersportrevieren Deutschlands und ganz Europas.
Unter Verwendung exakter topographischer Karten im Maßstab 1:50 000 legen die Autoren hiermit einen speziellen Atlas für Wassersportler aller Couleur sowie für Berufsschiffer vor. Jedoch auch Naturschützer oder etwa Erholungssuchende können dieses Werk gleichfalls nutzen, da zudem das Umfeld der Gewässer detailgetreu erfaßt ist.
Der vorliegende Band gibt Informationen und Orientierungshilfen für alle in Frage kommenden Bundes- und Landeswasserstraßen sowie für weitere attraktive Sportbootgewässer zwischen der mittleren Elbe und Berlin, einschließlich der Oberen Havel und abzweigender Gewässer bis in den Raum Liebenwalde.
Der Karteninhalt erstreckt sich also auf spezielle Angaben zu den Binnengewässern und zum Verkehr auf ihnen sowie auf die Topographie. In Nebenzeichnungen sind die Schleusenbereiche (mit den Schleusenzeiten während der Saison), aber auch besondere Wasserstraßenabschnitte besonders herausgehoben. Die Darstellung der Schiffahrtszeichen entspricht derjenigen, welche für die Bundeswasserstraßen nach der Binnenschiffahrtsstraßen-Ordnung gültig ist. Grundsätzlich ist zu bemerken, daß die eingetragenen Schiffahrtszeichen als Hinweise zu betrachten sind. Rechtsverbindlich für den Verkehr sind stets nur die auf den Wasserstraßen oder an ihren Ufern von der jeweiligen Strom- und Schiffahrtspolizeibehörde aufgestellten Zeichen. Deshalb übernehmen Verlage wie Autoren für diese und weitere Angaben keinerlei Gewähr.
In jeder Karte sind Hinweise auf die geringsten Brückendurchfahrtshöhen im jeweils dargestellten Wasserstraßenbereich enthalten. Diese beziehen sich in der Regel auf das Mittelwasser (MW) am nächstliegenden Pegel oder auf den höchsten schiffbaren Wasserstand (HSW) für diesen Streckenabschnitt, nach dessen Überschreiten jeglicher Schiffsverkehr von den zuständigen Wasser- und Schiffahrtsbehörden gesperrt wird.
Ferner sind in den Karten Informationen enthalten über

- vorhandene Wassertankstellen sowie Hinweise auf wassernahe Straßentankstellen, da Wassertankstellen im beschriebenen Gebiet immer noch recht dünn gesät sind,
- empfohlene Liegestellen mit Servicetips,
- empfohlene Gaststätten in Wassernähe
- Hinweise auf Sehenswürdigkeiten an Wasserstraßen und in deren Umgebung.

Unverzichtbar bei der Arbeit mit den Karten und Texten ist die beigefügte Auflistung von Abkürzungen und Symbolen.
Im Textteil sind in knapper übersichtlicher Form alle relevanten Angaben zur Wasserstraße bzw. zum Gewässer enthalten, wie

- eine einleitende Kurzcharakteristik
- Wasserstraßendaten mit
  - Streckenlängen
  - markanten Streckenunterteilungen
  - Staustufen
  - Höhenunterschieden
  - Wasserspiegelbreiten
  - Wassertiefen
  - Wasserstraßenprofilen
  - Strömungsgeschwindigkeiten
  - geringsten Brückendurchfahrtshöhen
  - abzweigenden sowie einmündenden Wasserstraßen und Sportbootgewässern
- Befahrungshinweise mit
  - Schleusenöffnungszeiten
  - zulässigen Höchstgeschwindigkeiten
  - Tank- und Einsetzmöglichkeiten.

Die Autoren haben sich bemüht, den neuesten Erkenntnisstand bei den wassersportlichen Belangen zu erfassen. Jedoch ist die Situation an und auf den Gewässern ständigen Veränderungen unterworfen. Deshalb nehmen die Verfasser und die Verlage zusätzliche Tips, Ergänzungen oder Änderungsvorschläge gern entgegen, um sie in die nächste Auflage einzuarbeiten.
Für viele Wassersportler eine Selbstverständlichkeit, möchten wir Sie an dieser Stelle dennoch auf einige wichtige Fahrregeln hinweisen, die vom Bundesministerium für Verkehr veröffentlicht wurden:
Führer von (Wasser-)Sportfahrzeugen auf Binnenschiffahrtsstraßen müssen folgende für alle Fahrzeuge geltenden **Fahrregeln** beachten:

- Begegnen oder Überholen ist nur gestattet, wenn das Fahrwasser ausreichend breit ist.
- Überholmanöver dürfen erst begonnen werden, wenn sichergestellt ist, daß sie ohne Gefahr ausgeführt werden können.
- Kurs und Geschwindigkeit dürfen nicht so geändert werden, daß die Gefahr eines Zusammenstoßes entsteht.
- Im Bereich der Binnenschiffahrtsstraßen-Ordnung müssen Geschwindigkeitsbeschränkungen beachtet werden, die ihren Sonderkapiteln zu entnehmen sind.

Für Sportfahrzeuge, die Kleinfahrzeuge sind (weniger als 20 m Höchstlänge), gelten außerdem noch **besondere Fahrregeln**:

- Kleinfahrzeuge müssen Großfahrzeugen ausweichen.
- Kleinfahrzeuge mit Maschinenantrieb müssen anderen Kleinfahrzeugen ausweichen.
- Kleinfahrzeuge ohne Maschinenantrieb (z. B. Ruderboote) müssen den unter Segel fahrenden Kleinfahrzeugen ausweichen.
- Zwei Kleinfahrzeuge (mit oder ohne Maschinenantrieb) müssen beim Begegnen Backbord an Backbord vorbeifahren.
- Zwei nur unter Segel fahrende Kleinfahrzeuge müssen beim Begegnen wie folgt ausweichen:
  a) wenn sie den Wind nicht von derselben

Einführung

Seite haben, muß das Fahrzeug, das den Wind von Backbord hat, dem anderen ausweichen;

b) wenn sie den Wind von derselben Seite haben, muß das luvseitige Fahrzeug dem leeseitigen Fahrzeug ausweichen. Luvseite ist diejenige Seite, die dem gesetzten Großsegel gegenüberliegt.

- Nur unter Segel fahrende Kleinfahrzeuge überholen andere nur unter Segel fahrende Kleinfahrzeuge auf der Luvseite.
- Kleinfahrzeuge, die unter Segel und mit Maschinenantrieb fahren, gelten als Kleinfahrzeuge mit Maschinenantrieb.
- Kleinfahrzeuge müssen vor Badeufern sowie an ausgelegten Angel-und Fischereigeräten und an Anlegestellen der Fahrgastschifffahrt so vorbeifahren, daß weder Personen noch Anlagen gefährdet werden.

Vorfahrt haben Fahrzeuge im Fahrwasser gegenüber Fahrzeugen, die

- in das Fahrwasser einlaufen,
- das Fahrwasser queren,
- im Fahrwasser drehen,
- ihre Anker- oder Liegeplätze verlassen.

Die Wasser- und Schiffahrtsdirektionen haben für bestimmte Wasserflächen außerhalb des Fahrwassers **Fahrverbote** erlassen.

Außer an Stellen, die durch Überholverbotszeichen gekennzeichnet sind, besteht ein **Überholverbot** grundsätzlich

- in der Nähe von in Fahrt befindlichen, nicht freifahrenden Fähren,
- an Engstellen,
- in unübersichtlichen Krümmungen,
- in Schleusenbereichen.

Grundsätzliches **Stilliege-, Anker- und Festmachverbot** besteht:

- auf Schiffahrts- und Schleusenkanälen,
- auf den von der zuständigen Behörde bekanntgegebenen oder gekennzeichneten Strecken,
- unter Brücken und Hochspannungsleitungen,
- in Fahrwasserengen sowie an Einmündungen oder Hafeneinfahrten,
- in der Fahrlinie von Fähren und im Kurs, den Fahrzeuge beim An- und Ablegen benutzen usw.

Bei ihren Ausflügen sollten sich alle Wassersportler immer wieder auf die **10 goldenen Regeln** für das Verhalten in der Natur besinnen. Deren Einhaltung sollte allen umweltbewußten Zeitgenossen oberstes Gebot sein:

1. Meiden Sie das Einfahren in Röhrichtbestände, Schilfgürtel, Ufergehölze und in alle sonstigen dicht und unübersichtlich bewachsenen Uferpartien. Meiden Sie darüber hinaus Kies-, Land- und Schlammbänke (Rast- und Aufenthaltsplatz von Vögeln).
   Meiden Sie auch seichte Gewässer (Laichgebiete), insbesondere solche mit Wasserpflanzen.
2. Halten Sie einen ausreichenden Mindestabstand zu Röhrichtbeständen, Schilfgürteln und anderen unübersichtlich bewachsenen Ufergehölzen – auf großen Flüssen beispielsweise 30 bis 50 Meter. Halten Sie einen ausreichenden Mindestabstand zu Vogelansammlungen auf dem Wasser, wenn möglich mehr als 100 Meter.
3. Befolgen Sie in Naturschutzgebieten unbedingt die geltenden Vorschriften. Häufig ist Wassersport in Naturschutzgebieten ganzjährig, zumindest aber zeitweilig völlig untersagt oder nur unter ganz bestimmten Bedingungen möglich. Wildwasserfahrer dürfen unter keinen Umständen das Flußbett verändern, etwa durch Ausräumen störender Felsbrocken.
4. Nehmen Sie in „Feuchtgebieten internationaler Bedeutung" bei der Ausübung von Wassersport besondere Rücksicht. Diese Gebiete dienen als Lebensstätte seltener Tier- und Pflanzenarten und sind daher besonders schutzwürdig.
5. Benutzen Sie beim Landen die dafür vorgesehenen Plätze oder solche Stellen, an denen sichtbar kein Schaden angerichtet werden kann.
6. Nähern Sie sich auch von Land her nicht Schilfgürteln und der sonstigen dichten Ufervegetation, um nicht in den Lebensraum von Vögeln, Fischen, Kleintieren und Pflanzen einzudringen und diese zu gefährden.
7. Laufen Sie im Bereich der Watten keine Seehundbänke an, um die Tiere nicht zu stören oder zu vertreiben. Halten Sie mindestens 300 bis 500 Meter Abstand zu Seehundliegeplätzen und Vogelansammlungen. Bleiben Sie hier auf jeden Fall in der Nähe des markierten Fahrwassers. Fahren Sie mit langsamer Fahrstufe.
8. Beobachten und fotografieren Sie Tiere nur aus der Ferne.
9. Helfen Sie, das Wasser sauber zu halten. Abfälle gehören nicht ins Wasser, z. B. der Inhalt von Chemietoiletten. Diese Abfälle müssen genauso wie Altöle in bestehenden Sammelstellen der Häfen abgegeben werden. Benutzen Sie in Häfen ausschließlich die sanitären Anlagen an Land. Lassen Sie beim Stilliegen den Motor Ihres Bootes nicht unnötig laufen, um die Umwelt nicht zusätzlich durch Abgase zu belasten.
10. Machen Sie sich diese Regeln zu eigen, informieren Sie sich vor Ihren Fahrten über die für Ihr Fahrtgebiet bestehenden Bestimmungen und sorgen sie dafür, daß diese Kenntnisse und Ihr eigenes Verhalten gegenüber der Umwelt auch an die Jugend und an nichtorganisierte Wassersportler weitergegeben werden.

Zuständige Behörden

Wasser- und Schiffahrtsdirektion (WSD) Ost,
10117 Berlin, Am Werderschen Markt, Postfach 13 87, Tel. 0 30/20 38-0
Zuständig für alle Bundeswasserstraßen des dargestellten Bereiches.

Wasser- und Schiffahrtsamt (WSA) Brandenburg,
14770 Brandenburg, Beetzseeufer 3, Tel. 00 38/2 45 51 bis 2 45 54
Zuständig für
- die Untere Havel-Wasserstraße ab km 16,2 (einschließlich aller abzweigenden und einmündenden Bundeswasserstraßen),
- den Elbe-Havel-Kanal (einschließlich aller abzweigenden und einmündenden Bundeswasserstraßen),
- den Havelkanal.

Außenbezirke des WSA Brandenburg in
- 14467 Potsdam, Türkstr. 18, Tel. 03 31/2 30 33
- 14776 Brandenburg, Mötzower Landstr. 1a, Tel. 0 33 81/5 22 14
- 14712 Rathenow, Genthiner Str. 3, Tel. 0 33 85/23 86
- 39307 Genthin, Bergzower Str. 32, Tel. 0 39 33/67 56

Wasser- und Schiffahrtsamt (WSA) Berlin,
10178 Berlin, Poststr. 21/22, Postfach 262, Tel. 0 30/55 23-0
Zuständig für
- alle Bundeswasserstraßen in Berlin (einschließlich der im Land Brandenburg liegenden Teile des Teltowkanals und der Glienikker Lake),
- die Spree-Oder-Wasserstraße bis zur Mündung in die Oder (einschließlich des Neuhauser Speisekanals),
- die Rüdersdorfer Gewässer (einschließlich der Schiffbaren Löcknitz),
- die Dahme-Wasserstraße (einschließlich der Storkower und Teupitzer Gewässer).

Außenbezirke des WSA Berlin in
- 13597 Berlin-Spandau 20, Sophienwerder Weg, Tel. 0 30/3 31 83 87
- 10997 Berlin–Mitte, Köpenicker Str. 48/49 Tel. 0 30/55 23 43 93
- 15537 Erkner, Hafenstr. 1, Tel. 0 33 62/31 78
- 15711 Neue Mühle, Tiergartenstr. 1, Tel. 0 33 75/31 86
- 15517 Fürstenwalde, Mühlenbrücken 2, Tel. 0 33 61/27 93-94

Wasser- und Schiffahrtsamt (WSA) Eberswalde,
16225 Eberswalde-Finow, Grabowstr. 1, Tel. 0 33 34/2 20 53-55
Zuständig für alle Bundeswasserstraßen nördlich von Berlin bis zur Müritz sowie für die Havel-Oder-Wasserstraße und die Oder.
Außenbezirke des WSA Eberswalde in
- 16515 Oranienburg, Heidelberger Str. 35, Tel. 0 33 01/43 48
- 16244 Finowfurt, Werbelliner Str. 45, Tel. 0 33 35/2 14
- 16792 Zehdenick, Am Voßkanal, Tel. 0 33 07/25 63–64
- 17255 Canow, Tel. 03 98 28 (Post Wustrow) 450
- 15234 Frankfurt/Oder, Am Winterhafen 5, Tel. 03 35/32 43 03
- 16248 Hohensaaten, Eichrähne, Tel. 03 33 68/2 25
- 16303 Schwedt/Oder, Brückenstr. 1, Tel. 0 33 32/2 22 31

Wasserschutzpolizei Berlins

Referatsleitung: 12437 Berlin, Baumschulenstr. 1, Tel. 0 30/6 32 80 57
WSP-Wachen
13587 Berlin 20, Mertensstr. 140 (Nähe Maselake-Kanal), Tel. 0 30/3 35 24 94
10553 Berlin 21, Neues Ufer 1 (An der Mündung des Charlottenburger Verbindungskanals in die Spree-Oder-Wasserstraße), Tel. 0 30/3 45 20 57
14129 Berlin 38, Inselstr. 8 (Klare Lanke/ Schwanenwerder)
12437 Berlin, Baumschulenstr. 1 (SOW, linkes Ufer unterhalb der Mündung des Britzer Verbindungskanals), Tel. 0 30/6 32 80 57
Nebenwache Teltowkanal
12247 Berlin 46, Kaiser-Wilhelm-Str. 135 (Nähe Sieversbrücke), Tel. 0 30/7 77-1
Nebenwache Schmöckwitz
12527 Berlin, Wernsdorfer Str. (Nähe Schmöckwitzer Brücke), Tel. 0 30/5 25 20 26

Wasserschutzpolizei Brandenburgs

14467 Potsdam, Henning-von-Tresckow-Str. 9–13, Tel. 03 31/31 52 26
WSP-Revier Potsdam
14471 Potsdam, Wielandstr., Tel. 03 31/9 29 79 und 31 53 54
WSP-Posten Rathenow
14712 Rathenow, Schlachthausstr. 1, Tel. 0 33 85/6 33 25
WSP-Posten Lehnitz
16565 Lehnitz, Magnus-Hirschfeld-Str. 22, Tel. 0 33 01/33 97
WSP-Revier Brandenburg
14774 Brandenburg, Plauerhofstr., Tel. 0 33 81/51 31 25
WSP-Revier Burg, Tel. 0 39 21/7 43 32
WSP-Revier Genthin, Tel. 0 39 33/53 02 03
WSP-Revier Havelberg, Tel. 03 93 87/7 30
WSP-Posten Zeuthen, Tel. 03 37 62/6 33 44
WSP-Posten Neuruppin, Tel. 0 33 91/6 33 50
WSP-Posten Hohensaaten, Tel. 03 33 68/2 62
WSP-Wache Fürstenwalde
15517 Fürstenwalde, Mühlenbrücken, Tel. 0 33 61/6 63 82
WSP Bad Saarow, Tel. 02 91/21 18
WSP-Revier Eisenhüttenstadt, Tel. 0 35/23 33

Die Untere Havel-Wasserstraße folgt größtenteils dem Flußbett der Havel. Über die Untere Havel und die Elbe wurde schon seit altersher der Binnenschiffsverkehr zwischen Berlin und Hamburg abgewickelt. Zwei alte Mühlenstaue in Brandenburg und Rathenow unterbrechen seit etwa 700 Jahren die freie Fahrt auf diesem Wasserweg. Seit etwa 450 Jahren wird hier die Passage durch Kammerschleusen erleichtert. Um 1910 wurden zusätzliche Staue in Bahnitz, Grütz und Garz errichtet, um so der Schiffahrt in Niedrigwasserzeiten bessere Bedingungen zu schaffen. Noch heute kann man bei Hochwasser diese Stellen bei gelegten Nadelwehren in freier Fahrt passieren. Mitte der 30er Jahre dieses Jahrhunderts wurde die Havelmündung elbabwärts verlegt und durch das Wehr Neuwerben gegen die Elbe abgeschlossen.
Die in Spandau an der Spreemündung mit km 0 beginnende Untere Havel-Wasserstraße mündet nach 148,5 km Länge bei Strom-km 422,8 in die Elbe, rechtes (r) und linkes (l) Ufer in Fließrichtung gesehen.

Wasserstraßendaten
Streckenlänge: 148,5 km
Markante Streckenunterteilungen:
- km 0,0– 4,0 Pichelsdorfer Havel
- km 4,0– 16,4 Kladower Seenstrecke
- km 16,4– 32,6 Sacrow-Paretzer-Wasserstraße (einschl. Sacrow-Paretzer-Kanal)
- km 32,6– 55,7 Brandenburger Oberhavel
- km 55,7– 61,5 Silokanal
- km 61,5– 67,8 Quenz- und Plauer See
- km 67,8–145,8 Untere Havel
- km 145,8–148,5 Havelberger Schleusenkanal

Staustufen:
- Brandenburg (km 55,5)
- Bahnitz (km 82,0)
- Rathenow (km 103,3)
- Grütz (km 117,2)
- Garz (km 128,9)
- Havelberg (km 147,0)

Höhenunterschied zwischen Spreemündung und Einmündung in die Elbe (bei MW): 5,20 m
Wasserspiegelbreiten: mind. 46 m im Silokanal und 52 m im Sacrow-Paretzer Kanal
Wassertiefen: mind. 1,8 m bei MNW zwischen Havelberg und Plaue, mind. 2,0 m bei MNW zwischen Plaue und Spandau
Die Untere Havel-Wasserstraße ist in 5 Tauchtiefenstrecken, und zwar
- 1 Havelberg–Schleuse Rathenow
- 2 Schleuse Rathenow–Schleuse Bahnitz
- 3 Schleuse Bahnitz–Plaue
- 4 Wendsee–Schleuse Brandenburg
- 5 Schleuse Brandenburg–Spandau

eingeteilt, so daß jederzeit aktuelle Informationen über die höchstzulässigen Tiefgänge eingeholt werden können.
Wasserstraßenprofil: Meist Mulden- oder Trapezprofil mit Böschungsneigung im Uferbereich von 1:3. Achtung: In den Kanälen Schüttsteinbefestigung der Uferböschung! Strömungsgeschwindigkeiten: zwischen nahezu Null bei NW und 1,0 m/s bei HW
Geringste Brückendurchfahrtshöhen: bei MW 5,0 m und mehr, bei HSW mind. 3,6 m (im Silokanal)
Abzweigende und einmündende Wasserstraßen:

a)	km	4,00 l	Abzweig des Stößensees
b)	km	11,40 l	Abzweig der Fahrt zum Großen Wannsee, Griebnitzsee und Teltowkanal
c)	km	16,30 l	Abzweig der Potsdamer Havel
d)	km	19,00 r	Abzweig der alten Nedlitzer Schiffahrtsstraße
d)	km	21,20 r	Einmündung der alten Nedlitzer Schiffahrtstraße
e)	km	27,57 l/r	Kreuzung mit der Wublitz nebst Schlänitzsee
3.	km	32,56 r	Mündung des Havelkanals
c)	km	32,56 r	Mündung der Potsdamer Havel
f)	km	35,85 r	Abzweig der Ketziner Havel
f)	km	36,80 r	Mündung der Ketziner Havel
g)	km	51,73 l	Mündung der Emster Gewässer
h)	km	54,30 l	Abzweig des Brandenburger Stadtkanals
i)	km	56,17 l	Abzweig der Brandenburger Niederhavel
j)	km	56,17 r	Mündung der Wasserstraße Beetzsee–Riewendsee
i)	km	63,37 l	Mündung der Brandenburger Niederhavel
2.	km	66,70 l	Mündung des Elbe-Havel-Kanals
k)	km	78,65 r	Mündung des Pritzerber Sees
l)	km	96,32 r	Abzweig der Mögeliner Havel
l)	km	98,40 r	1. Mündung der Mögeliner Havel
l)	km	99,00 r	2. Mündung der Mögeliner Havel
m)	km	102,50 r	Abzweig der Rathenower Havel (mit Stadtkanal)
m)	km	104,20 r	Mündung der Rathenower Havel
n)	km	111,86 r	Mündung der Hohennauener Wasserstraße
o)	km	122,40 r	Abzweig der Gülper Havel
o)	km	128,97 r	Mündung der Gülper Havel (in den Wehrarm der Staustufe Garz)
p)	km	145,80 r	Abzweig der Unteren Havel (Mündungsstrecke) mit Fahrt über den Gnevsdorfer Vorfluter in die Elbe.

Befahrungshinweise

Schleusenöffnungszeiten:	Werktage	Sonn- und Feiertage
ganzjährig	06.00–19.00	07.00–18.00 Uhr
außer Vorstadtschleuse Brandenburg		
ganzjährig	06.00–20.00	07.00–19.00 Uhr

Zulässige Höchstgeschwindigkeiten:
km 0–km 148,5 = 9,0 km/h, außer auf Seen und seenartigen Verbreiterungen (Gewässerbreite mehr als 250 m), denn hier sind

- innerhalb des ufernahen Schutzstreifens (100 m parallel zum Ufer) 7,0 km/h und
- außerhalb des ufernahen Schutzstreifens 25,0 km/h zugelassen.

Befahrungsverbote:
Es ist verboten, auf der Unteren Havel-Wasserstraße von km 4,0 (Pichelsdorfer Gemünd) bis km 20,1 (Nedlitz), einschließlich Großer Wannsee und Jungfernsee,

- in der Zeit von 22.00 Uhr bis 05.00 Uhr
- in den Monaten Mai bis September an Sonnabenden, Sonntagen sowie an gesetzlichen Feiertagen während der Zeit von 12.00 Uhr bis 15.00 Uhr ein Sportfahrzeug mit Verbrennungsmotor in Betrieb zu setzen oder damit zu fahren.

Der Silokanal (km 55,7–61,5) ist für Sportboote gesperrt. Die Vorstadtschleuse Brandenburg ist für Sportboote nur dann zugelassen, wenn diese eine Fixpunkthöhe von 2,8 m überschreiten. Alle anderen Fahrzeuge müssen über die Stadtschleuse!

Tankmöglichkeiten:

km 1,2 r (km 1,5 u. km 2,0 zwei weitere Bunkerboote)	Bunkerboot Shell 5 (zwischen Schulenburg- und Dischingerbrücke), nur Diesel; Öffnungszeiten: Mo–Fr 07.30–16.00 Uhr, Sa 08.00–12.00 Uhr
km 4,4 r	Tankstelle mit Steg (Marina-Lanke-Werft), Super (verbleit und bleifrei), Diesel; Öffnungszeiten: täglich bei guter Witterung
km 16,3 l (abbiegen)	In der Potsdamer Havel bestehen drei Tankmöglichkeiten.
km 58,7 l (Brandenburger Niederhavel)	Esso-Bootstankstelle, Super verbleit, Normalbenzin bleifrei, Diesel; Öffnungszeiten: täglich 09.00–12.00 und 13.00–18.00 Uhr. Hier auch Verkauf von Bootsausrüstungen sowie Wassersportartikeln, ferner Verkauf und Service für Mercury, Mariner, Force, Honda, Mercruiser; Tel. 0 33 81/52 23 77.
km 61,6 r (Sportbootliegestelle am Quenzsee)	Straßentankstelle an der B 1, 300 m entfernt, mit Normalbenzin (bleifrei), Super (verbleit und bleifrei), Diesel; Öffnungszeiten: täglich rund um die Uhr
km 90,8 r (Sportboothafen Premnitz)	Zur Straßentankstelle in der Heinrich-Heine-Straße (Richtung Brandenburg) sind es 1,3 km). Alle Kraftstoffarten im Angebot.
km 145,5 l	Zur Straßentankstelle an der F 107 (Richtung Sandau) ca. 250 m Entfernung, alle Kraftstoffarten

Einsetzmöglichkeiten:

km 4,4 (Großer Wannsee)	Marina-Lanke-Werft Kran 12 t, Nixe-Bootswerft Ludwig Kran 7 t
km 58,7 l (Branden burger Niederhavel)	Bootswerft Hohmann Kran 15 t
km 66,7 l (Kirchmöser)	Schienenslip mit Umladekran 1,2 t

Nebenwasserstraßen der UHW

Stößensee

Bei km 4,0 backbords aus der UHW abzweigend, ist er 2,2 km lang und hat keine Besonderheiten.

Großer Wannsee, einschl. **Griebnitz-Kanal (Grk)**

Wie auch der Stößensee ist der Wannsee „nur" eine Ausbuchtung der Havel. Zulässige Höchstgeschwindigkeit: 12 km/h. Nach 3,5 km langer Fahrt kann am Südende des Sees durch den Griebnitz- oder Prinz-Friedrich-Leopold-Kanal die Fahrt zum Teltowkanal fortgesetzt werden. Der Kanal ist 3,9 km lang, schleusenlos und hat bei etwa 23 m Wasserspiegelbreite einen trapezförmigen Querschnitt.
Fahrwassertiefe: 1,5 m
Zugelassene Tauchtiefe: 1,3 m
Zulässige Geschwindigkeit: 5,0 km/h.
Es gilt das gleiche Befahrungsverbot wie auf der UHW.
Örtliche Verkehrsregelung: Die Fahrt vom Stölpchensee in Richtung Teltowkanal (TK) ist nur zu jeder vollen Stunde bis längstens 20 min nach jeder vollen Stunde erlaubt. Die Fahrt vom TK in Richtung Stölpchensee ist nur zu jeder halben Stunde bis längstens 20 min nach jeder halben Stunde erlaubt.

Potsdamer Havel (PHv)

Die bei km 16,3 (l) aus der UHW abzweigende und bei km 32,56 wieder in diese einmündende Potsdamer Havel war bis zur Fertigstellung des Sacrow-Paretzer-Kanals der eigentliche Abfluß- und Schiffahrtsweg der Unteren Havel. Falls nicht zeitliche Gründe dagegen sprechen, sollten Sportboote stets diesen zwar längeren, dafür aber um so schöneren Weg nehmen.
Streckenlänge: 29,9 km (Die Potsdamer Havel ist entgegen der Fließrichtung kilometriert, rechtes und linkes Ufer in Fließrichtung)
Staustufen: keine
Wasserspiegelbreiten: meist Seenstrecken bzw. seenartige Erweiterungen, nur im Potsdamer und Caputher Bereich kurze kanalartige Flußstrecken mit etwa 40 m Mindestwasserspiegelbreite

Wassertiefen: mind. 1,9 m bei MNW
Strömungsgeschwindigkeiten: praktisch Null, außer in Flußstrecken (bei HW bis max. 0,8 m/s)
Geringste Brückendurchfahrtshöhen: bei MW 5,0 m und mehr, bei HSW mind. 3,5 m
Abzweigende und einmündende Wasserstraßen:

km 9,00 r	Mündung der Wublitz (im Großen Zernsee), Beschreibung unter e).
km 13,50 l	Mündung des Glindowsees über einen kurzen Kanal. Wasserstraße 4,5 km lang, Wassertiefe bis Glindow mind. 1,5 m bei MNW, Strengbrücke mind. 3,6 m Durchfahrtshöhe bei HSW. Zulässige Höchstgeschwindigkeit: 12 km/h
km 16,00 l	Abzweig des Schwielowsees nach Ferch ist 5,3 km lang. Wassertiefe mind. 2,1 m bei MNW, außerhalb des Fahrwassers zahlreiche Untiefen, auch in Seemitte teilweise nur 1 m Wassertiefe. Zulässige Höchstgeschwindigkeit: 12 km/h
km 25,38 r	Mündung der Alten Fahrt, eines nördlich der Freundschaftsinsel gelegenen, 800 m langen Havelarms. Nur für nicht maschinengetriebene Sportboote.
km 26,20 r	Abzweig der Alten Fahrt
km 28,40 l	Mündung des Teltowkanals über die Glienicker Lake (s. bei Spree-Oder-Wasserstraße)

Befahrungshinweise

Zulässige Höchstgeschwindigkeiten: wie bei der UHW mit 9,0 km/h, außer Seen und seeartigen Verbreiterungen (hier 25,0 km/h bzw. 7,0 km/h im ufernahen Streifen)

Befahrungsverbote: Es ist verboten, auf der Potsdamer Havel von km 6,85 (Autobahnbrücke) bis km 29,92 (Krughorn), einschließlich Tiefer See, Templiner See, Petzinsee, Schwielowsee, Glindowsee und Großer Zernsee,

- während der Zeit von 22.00 Uhr bis 05.00 Uhr
- in den Monaten Mai bis September an Sonnabenden, Sonntagen und gesetzlichen Feiertagen während der Zeit von 12.00 bis 15.00 Uhr ... ein Sportfahrzeug mit Verbrennungsmotor in Betrieb zu setzen oder zu fahren.

Tankmöglichkeiten:

km 23,9 r	Bootstankstelle Minol, Benzin (normal), Diesel; Öffnungszeiten: 1. Mai bis 30. Sept.: Mo–Fr 12.00–18.00 Uhr, Sa/So 08.00–18.00 Uhr
km 26,7 r	Wassertankstelle der Weißen Flotte Potsdam mit Steg, Diesel; Öffnungszeiten: Mo–Fr 07.00–16.00 Uhr

Alte Nedlitzer Schiffahrtsstraße

Diese Schiffahrtsstraße ist die alte Verbindung des Jungfernsees mit dem Weißen See im Zuge der Sacrow-Paretzer-Wasserstraße. Die 2,44 km lange Wasserstraße ist bei MNW teilweise nur 1,5 m tief. Eine Brückendurchfahrt mit etwa 2 m Durchfahrtshöhe bei HSW (bei MW 3,6 m). Aus der alten Nedlitzer Schiffahrtsstraße zweigen bei km 0,95 steuerbords Lehnitz- und Krampnitzsee ab. Länge dieser Fahrt 2,6 km, Fahrwassertiefe bei MNW 1,7 m.

Wublitz nebst Schlänitzsee

Die bei km 9,0 in die Potsdamer Havel mündende Wublitz kreuzt die UHW im Schlänitzsee. Vom Kreuzungspunkt sind es nach Backbord 6,3 km bis zur Potsdamer Havel, nach Steuerbord 2,55 km bis zum oberen Punkt der Befahrbarkeit. Der linke Teil weist bei MNW nur Wassertiefen von 1,40 m, der rechte von 0,85 m auf. Die Straßenbrücke Grube–Leest hat bei HSW nur eine lichte Durchfahrtshöhe von etwa 2 m. Die gesamte Wublitz ist für Motorboote gesperrt.

Ketziner Havel

Die Ketziner Havel ist ein 3,55 km langer, rechter Nebenarm der Unteren Havel. Wassertiefen bei NoSt 1,4 m (bei MW 1,8 m), keine Besonderheiten.

Emster Gewässer (EmG)

Die backbords in die UHW mündenden Gewässer haben eine Länge von 15,2 km. Die Emster Gewässer bestehen aus einer Seenkette, die durch Kanalstrecken miteinander verbunden ist. Der trapezförmige Kanalquerschnitt ist bei MW etwa 15 m breit und weist bei MNW teilweise nur 0,95 m, bei MW 1,15 m Wassertiefe auf. Brückendurchfahrten mit teilweise nur 2,3 m lichter Durchfahrtshöhe bei HSW. Die Fahrt nach Lehnin ist vor allem wegen des dortigen Zisterzienserklosters empfehlenswert.

Brandenburger Stadtkanal (BrK)

Der Brandenburger Stadtkanal verbindet die UHW mit der Brandenburger Niederhavel. Er ist die alte Schiffahrtsstraße, die bis zum Bau von Vorstadtschleuse und Silokanal durch die Schiffahrt befahren wurde. Die in ihm befindliche Stadtschleuse dient heute ausschließlich dem Sportbootverkehr.
Schleusenöffnungszeiten vom 29. April–14. September:

Werktage	Sonn- und Feiertage
07.00–20.00 Uhr	07.00–19.00 Uhr

Der Brandenburger Stadtkanal ist 4,2 km lang, praktisch strömungslos und weist bei

MW (!) eine geringste Brückendurchfahrtshöhe von nur 2,9 m auf. Wassertiefen mind. 1,7 m bei MNW. Mindestwasserspiegelbreite: 26 m

Brandenburger Niederhavel (BHv)

Als Brandenburger Niederhavel wird die Strecke der Brandenburger Havel zwischen dem Plauer See und dem Beetzsee bezeichnet. Sie ist 9,22 km lang. Strömungsgeschwindigkeiten im Mittel 0,3 m/s, maximal 1,0 m/s. Das muldenförmige Flußprofil weist Mindestwasserspiegelbreiten von 30 m auf, geringste Wassertiefen bei MNW 2,0 m. Die geringsten Brückendurchfahrtshöhen betragen bei MW 4,3 m. Brandenburger Stadtkanal und Brandenburger Niederhavel führen direkt ins Zentrum der Stadt Brandenburg. Bei km 58,1 l befindet sich die schon bei der UHW erwähnte Esso-Tankstelle. Aus der Brandenburger Niederhavel zweigt bei km 64,0 nach Backbord das bei MNW mind. 1,6 m tiefe Fahrwasser des Breitling- und des Möserschen Sees ab, das nach 6,8 km Fahrt bei Kirchmöser endet.

Wasserstraße Beetzsee–Riewendsee (BRW)

Die steuerbords aus der UHW abzweigende 21,6 km lange Wasserstraße Beetzsee-Riewendsee besteht aus einer Kette von vier langgestreckten Einzelseen, die durch schmale Wasserläufe, die „Strenge", miteinander verbunden sind. In den Strengen geht die Fahrwasserbreite bis 9,5 m zurück, Wassertiefen bei MNW mind. 1,7 m. Die geringste Brückendurchfahrtshöhe beträgt bei MW 5,0 m. Die Wasserstraße ist schleusenlos und hat praktisch keine Strömung. Der Riewendsee (das sind die letzten 3 km der Wasserstraße) ist für Motorboote gesperrt.
Der Beetzsee ist nicht nur durch das Brandenburger Original Fritze Bollmann, sondern in jüngster Zeit auch durch seine international anerkannte Regattastrecke bekannt geworden.

Pritzerber See

Steuerbords aus der UHW abzweigend, ist er 2,8 km lang und bei NoSt 1,5 m tief. Die vorhandenen Brücken (an seiner Mündung in die UHW) haben bei HSW mind. 3,8 m DH.

Mögeliner Havel

Ein 3,27 km langer befahrbarer rechter Seitenarm der UHW, der sich in seinem unteren Ende noch einmal verzweigt. Mindestfahrwassertiefe 1,4 m bei MNW. Sonst keine Besonderheiten.

Rathenower Havel (RHv) und Rathenower Stadtkanal

Beide sind der alte Schiffahrtsweg der Unteren Havel. Insgesamt 3,96 km lang, werden sie etwa in der Mitte durch die Stadtschleuse Rathenow unterbrochen.
Schleusenöffnungszeiten vom 01. 07.–31. 08.:

Werktage	Sonn- und Feiertage
07.00–11.00 Uhr	08.00–12.00 Uhr
14.00–18.00 Uhr	14.00–18.00 Uhr

Mindestfahrwassertiefe nach der Ausbaggerung 2,5 m bei MW.

Hohennauener Wasserstraße (HnW)

Die bei km 111,86 steuerbords aus der UHW abzweigende Hohennauener Wasserstraße ist 10,4 km lang und weist praktisch keine Strömung auf. Sie besteht aus dem 1,6 km langen und etwa 18 m breiten Hohennauener Kanal und dem anschließenden Hohennauener bzw. Ferchesarer See. Die geringsten Wassertiefen betragen bei MNW etwa 1,0–1,1 m, bei MW 1,7 m. Die beiden Brücken des Kanals haben bei HSW eine lichte Durchfahrtshöhe von mindestens 3,5 m. Bei km 5,0 mündet von rechts der große Havelländische Hauptkanal in die Wasserstraße. Kanuten können auf ihm nach 28,5 km Fahrt (5 Wehre umtragen) den Havelkanal (etwa bei km 20) erreichen.

Gülper Havel

Die Gülper Havel ist ein 6,24 km langer rechter Seitenarm der UHW, zwischen den Orten Strodehne und Molkenberg gelegen. Sie ist an beiden Enden mit Nadelwehren versehen, die mittels Kahnschleusen (nutzbare Maße 11,9 × 1,99 m, Selbstbedienung) umgangen werden können. Das Befahren der Gülper Havel ist nur zu empfehlen, wenn der Ort Gülpe besucht werden soll. Der knapp 5 km lange und etwa 1,0–1,5 km breite Gülper See (NSG!) ist von Strodehne her aus der UHW über die Kahnschleuse (14,3 × 2,5 m, Selbstbedienung) am Gahlberger Wehr erreichbar. Am Ostende des Gülper Sees mündet der 34 km lange Rhinkanal ein, über den Kanuten die Fehrbelliner Wasserstraße bei Fehrbellin erreichen können (9 Wehre umtragen).
Achtung: Die Kahnschleusen in der Gülper Havel haben defekte Füll-und Entleerungseinrichtungen, das Schleusen ist kaum möglich! Das Befahren des Gülper Sees ist aus Gründen des Naturschutzes untersagt!

Untere Havel (Mündungsstrecke)

Über die in Havelberg steuerbords aus der UHW abzweigende, bis zur Kahnschleuse Quitzöbel (22,0 × 5,3 m) 10,34 km lange Mündungsstrecke der Havel wird nach weiteren 11 km Fahrt auf dem Gnevsdorfer Vorfluter die Elbe bei Stromkilometer 438,0 erreicht. Kurz vor der Mündung des Vorfluters in die Elbe muß noch die Kahnschleuse Gnevsdorf (22,0 × 5,3 m) passiert werden.
Die oberhalb von Quitzöbel landschaftlich reizvolle Strecke empfiehlt sich insbesondere für die Bergfahrt, da hier die Strömung bei MW nur etwa 0,3 m/s beträgt (bei MNW fast strömungslos, Wassertiefen mind. 1,5 m).
Schleusenöffnungszeiten: Quitzöbel und Gnevsdorf täglich 07.00–08.00, 10.00–11.00, 13.00–14.00 und 17.00–18.00 Uhr.

UHW km 0,0–8,0

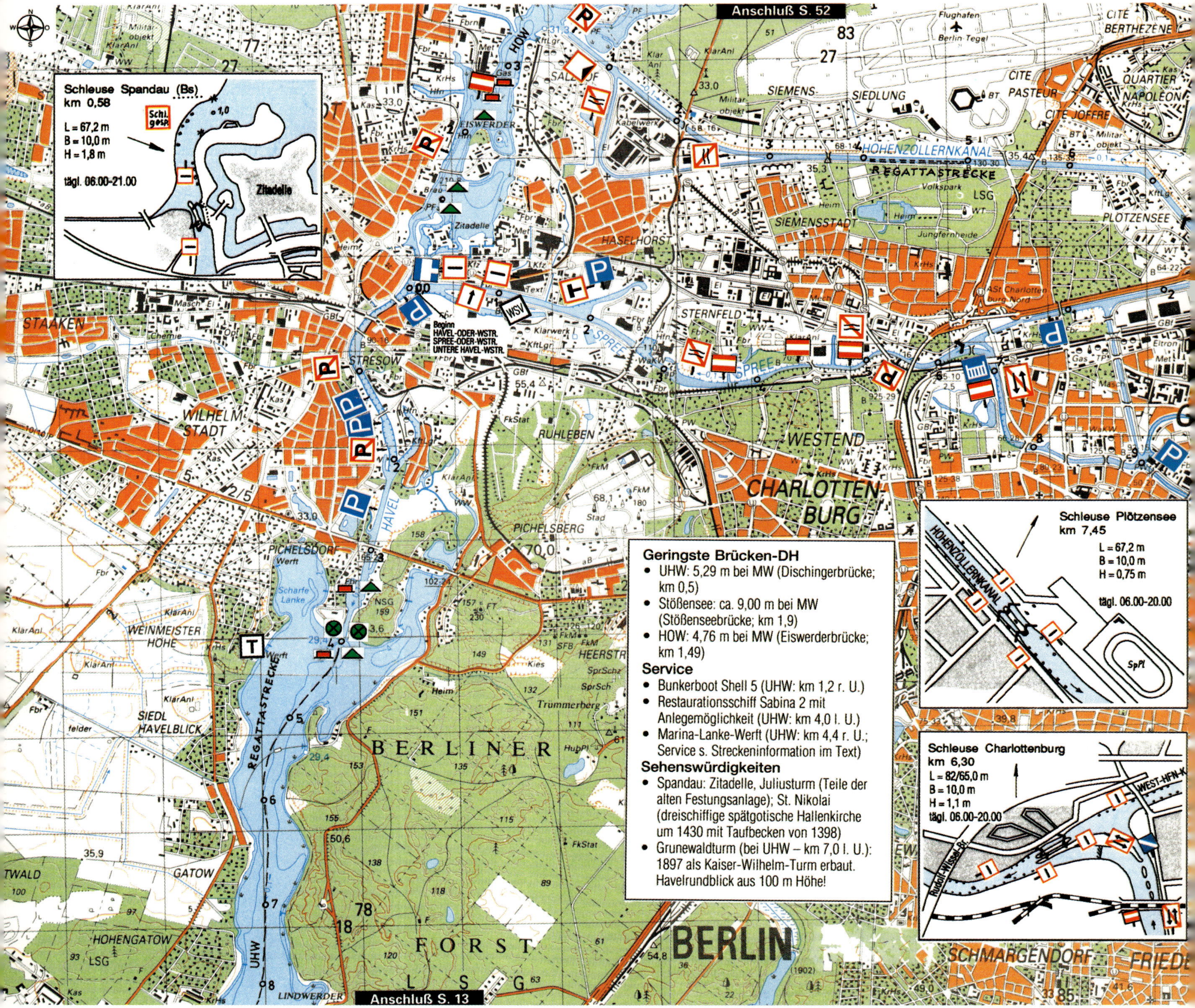

Geringste Brücken-DH

- UHW: 5,29 m bei MW (Dischingerbrücke; km 0,5)
- Stößensee: ca. 9,00 m bei MW (Stößenseebrücke; km 1,9)
- HOW: 4,76 m bei MW (Eiswerderbrücke; km 1,49)

Service

- Bunkerboot Shell 5 (UHW: km 1,2 r. U.)
- Restaurationsschiff Sabina 2 mit Anlegemöglichkeit (UHW: km 4,0 l. U.)
- Marina-Lanke-Werft (UHW: km 4,4 r. U.; Service s. Streckeninformation im Text)

Sehenswürdigkeiten

- Spandau: Zitadelle, Juliusturm (Teile der alten Festungsanlage); St. Nikolai (dreischiffige spätgotische Hallenkirche um 1430 mit Taufbecken von 1398)
- Grunewaldturm (bei UHW – km 7,0 l. U.): 1897 als Kaiser-Wilhelm-Turm erbaut. Havelrundblick aus 100 m Höhe!

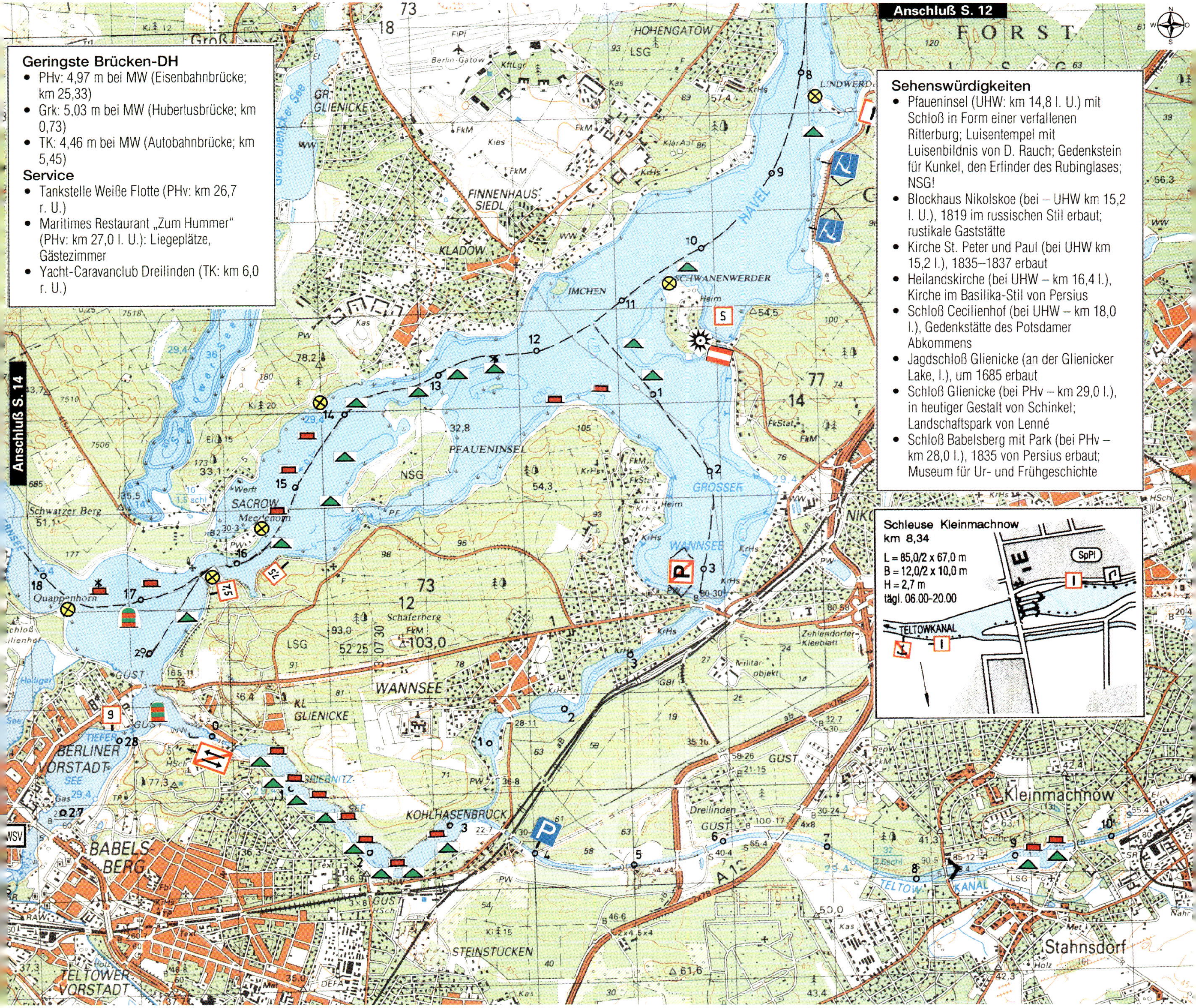

Geringste Brücken-DH

- PHv: 4,97 m bei MW (Eisenbahnbrücke; km 25,33)
- Grk: 5,03 m bei MW (Hubertusbrücke; km 0,73)
- TK: 4,46 m bei MW (Autobahnbrücke; km 5,45)

Service

- Tankstelle Weiße Flotte (PHv: km 26,7 r. U.)
- Maritimes Restaurant „Zum Hummer" (PHv: km 27,0 l. U.): Liegeplätze, Gästezimmer
- Yacht-Caravanclub Dreilinden (TK: km 6,0 r. U.)

Sehenswürdigkeiten

- Pfaueninsel (UHW: km 14,8 l. U.) mit Schloß in Form einer verfallenen Ritterburg; Luisentempel mit Luisenbildnis von D. Rauch; Gedenkstein für Kunkel, den Erfinder des Rubinglases; NSG!
- Blockhaus Nikolskoe (bei – UHW km 15,2 l. U.), 1819 im russischen Stil erbaut; rustikale Gaststätte
- Kirche St. Peter und Paul (bei UHW km 15,2 l.), 1835–1837 erbaut
- Heilandskirche (bei UHW – km 16,4 l.), Kirche im Basilika-Stil von Persius
- Schloß Cecilienhof (bei UHW – km 18,0 l.), Gedenkstätte des Potsdamer Abkommens
- Jagdschloß Glienicke (an der Glienicker Lake, l.), um 1685 erbaut
- Schloß Glienicke (bei PHv – km 29,0 l.), in heutiger Gestalt von Schinkel; Landschaftspark von Lenné
- Schloß Babelsberg mit Park (bei PHv – km 28,0 l.), 1835 von Persius erbaut; Museum für Ur- und Frühgeschichte

Schleuse Kleinmachnow
km 8,34
L = 85,0/2 x 67,0 m
B = 12,0/2 x 10,0 m
H = 2,7 m
tägl. 06.00-20.00

UHW km 15,0–28,0 mit PHv

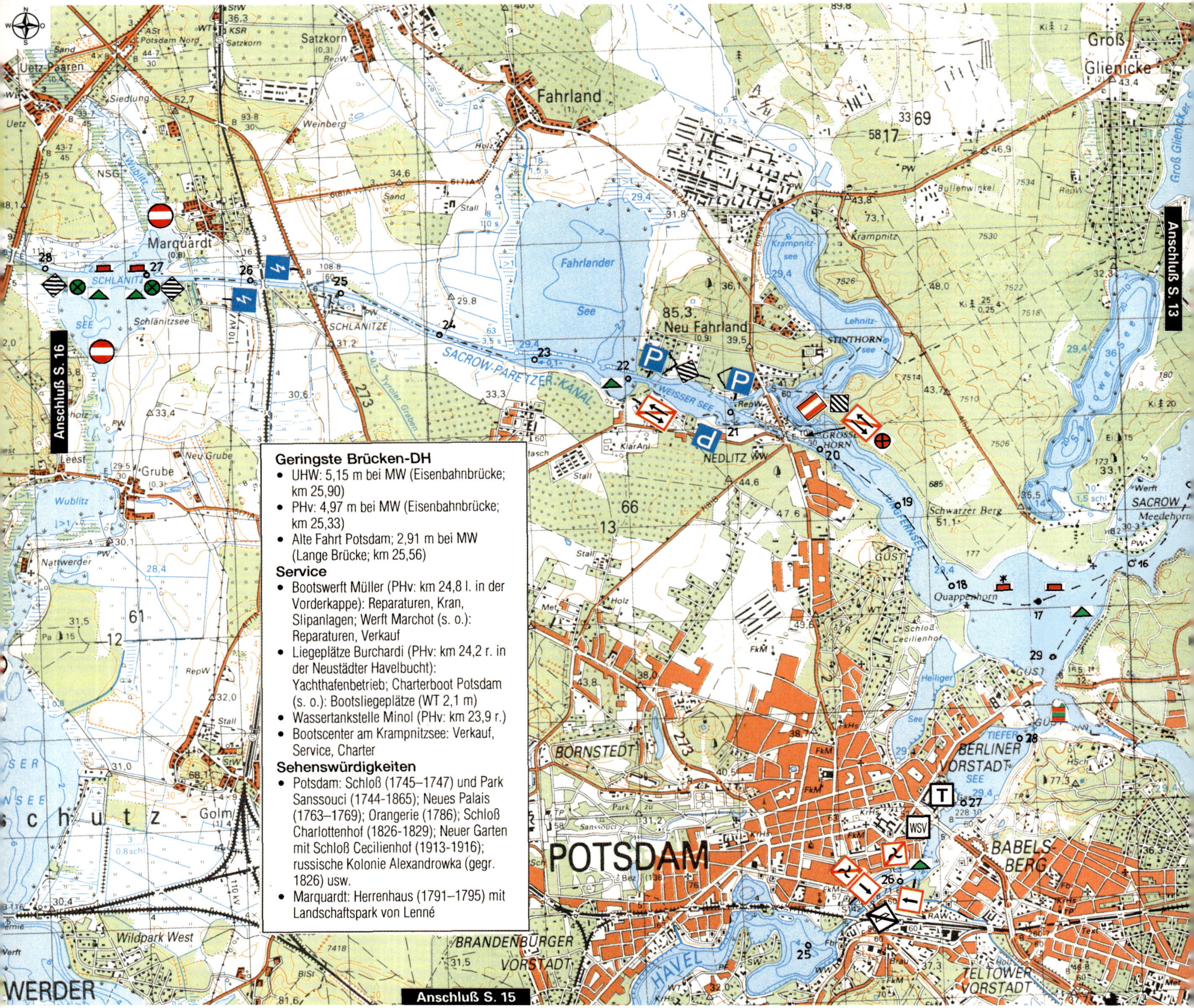

Geringste Brücken-DH

- UHW: 5,15 m bei MW (Eisenbahnbrücke; km 25,90)
- PHv: 4,97 m bei MW (Eisenbahnbrücke; km 25,33)
- Alte Fahrt Potsdam; 2,91 m bei MW (Lange Brücke; km 25,56)

Service

- Bootswerft Müller (PHv: km 24,8 l. in der Vorderkappe): Reparaturen, Kran, Slipanlagen; Werft Marchot (s. o.): Reparaturen, Verkauf
- Liegeplätze Burchardi (PHv: km 24,2 r. in der Neustädter Havelbucht): Yachthafenbetrieb; Charterboot Potsdam (s. o.): Bootsliegeplätze (WT 2,1 m)
- Wassertankstelle Minol (PHv: km 23,9 r.)
- Bootscenter am Krampnitzsee: Verkauf, Service, Charter

Sehenswürdigkeiten

- Potsdam: Schloß (1745–1747) und Park Sanssouci (1744–1865); Neues Palais (1763–1769); Orangerie (1786); Schloß Charlottenhof (1826–1829); Neuer Garten mit Schloß Cecilienhof (1913–1916); russische Kolonie Alexandrowka (gegr. 1826) usw.
- Marquardt: Herrenhaus (1791–1795) mit Landschaftspark von Lenné

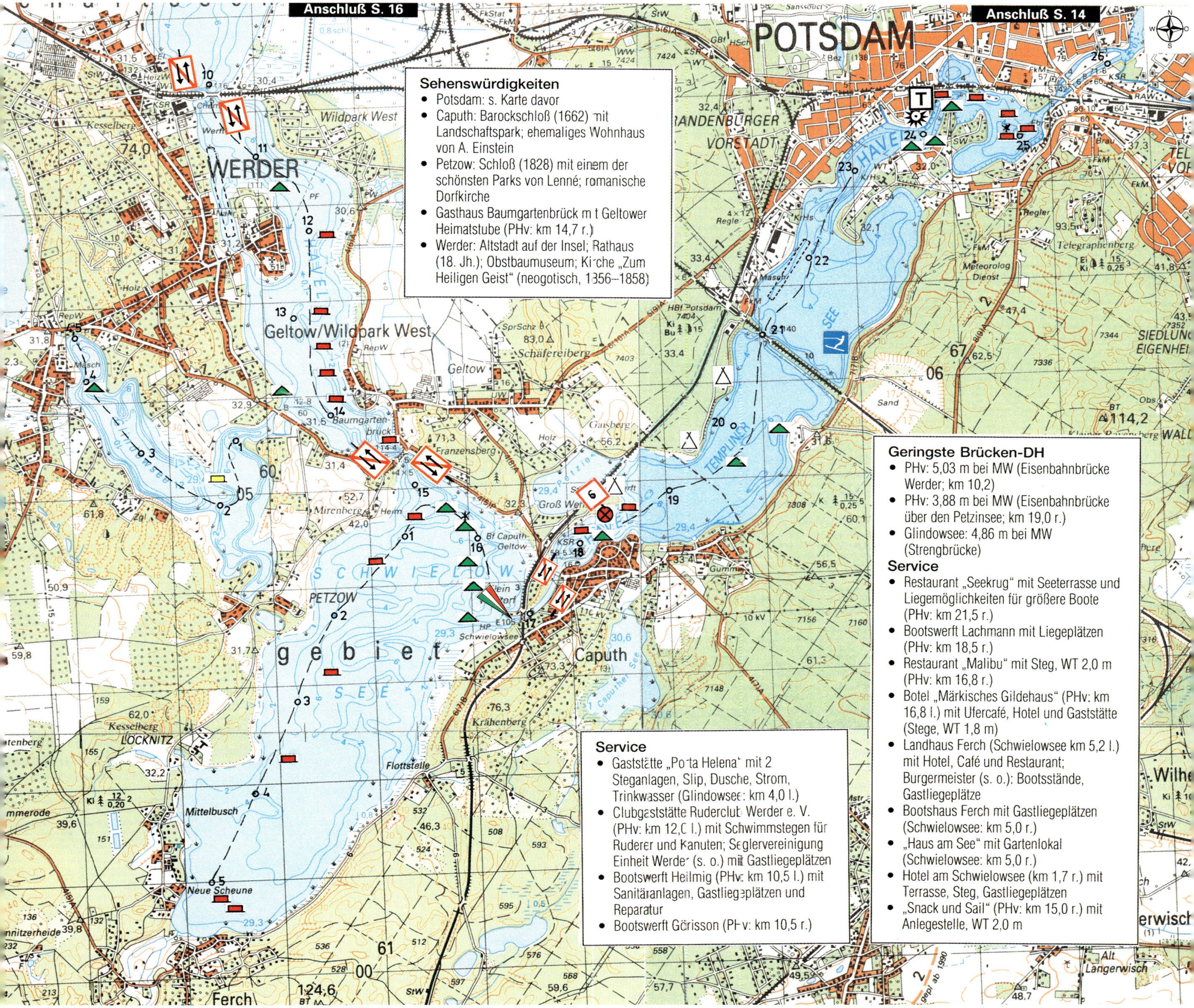

Sehenswürdigkeiten

- Potsdam: s. Karte davor
- Caputh: Barockschloß (1662) mit Landschaftspark; ehemaliges Wohnhaus von A. Einstein
- Petzow: Schloß (1828) mit einem der schönsten Parks von Lenné; romanische Dorfkirche
- Gasthaus Baumgartenbrück mit Geltower Heimatstube (PHv: km 14,7 r.)
- Werder: Altstadt auf der Insel; Rathaus (18. Jh.); Obstbaumuseum; Kirche „Zum Heiligen Geist" (neogotisch, 1356–1858)

Service

- Gaststätte „Porta Helena" mit 2 Steganlagen, Slip, Dusche, Strom, Trinkwasser (Glindowsee: km 4,0 l.)
- Clubgaststätte Ruderclub Werder e. V. (PHv: km 12,0 l.) mit Schwimmstegen für Ruderer und Kanuten; Seglervereinigung Einheit Werder (s. o.) mit Gastliegeplätzen
- Bootswerft Heilmig (PHv: km 10,5 l.) mit Sanitäranlagen, Gastliegeplätzen und Reparatur
- Bootswerft Görisson (PHv: km 10,5 r.)

Geringste Brücken-DH

- PHv: 5,03 m bei MW (Eisenbahnbrücke Werder; km 10,2)
- PHv: 3,88 m bei MW (Eisenbahnbrücke über den Petzinsee; km 19,0 r.)
- Glindowsee: 4,86 m bei MW (Strengbrücke)

Service

- Restaurant „Seekrug" mit Seeterrasse und Liegemöglichkeiten für größere Boote (PHv: km 21,5 r.)
- Bootswerft Lachmann mit Liegeplätzen (PHv: km 18,5 r.)
- Restaurant „Malibu" mit Steg, WT 2,0 m (PHv: km 16,8 r.)
- Botel „Märkisches Gildehaus" (PHv: km 16,8 l.) mit Ufercafé, Hotel und Gaststätte (Stege, WT 1,8 m)
- Landhaus Ferch (Schwielowsee km 5,2 l.) mit Hotel, Café und Restaurant; Burgermeister (s. o.): Bootsstände, Gastliegeplätze
- Bootshaus Ferch mit Gastliegeplätzen (Schwielowsee: km 5,0 r.)
- „Haus am See" mit Gartenlokal (Schwielowsee: km 5,0 r.)
- Hotel am Schwielowsee (km 1,7 r.) mit Terrasse, Steg, Gastliegeplätzen
- „Snack und Sail" (PHv: km 15,0 r.) mit Anlegestelle, WT 2,0 m

UHW km 27,0–40,0 PHv km 0,0–10,0 HvK km 31,0–34,9

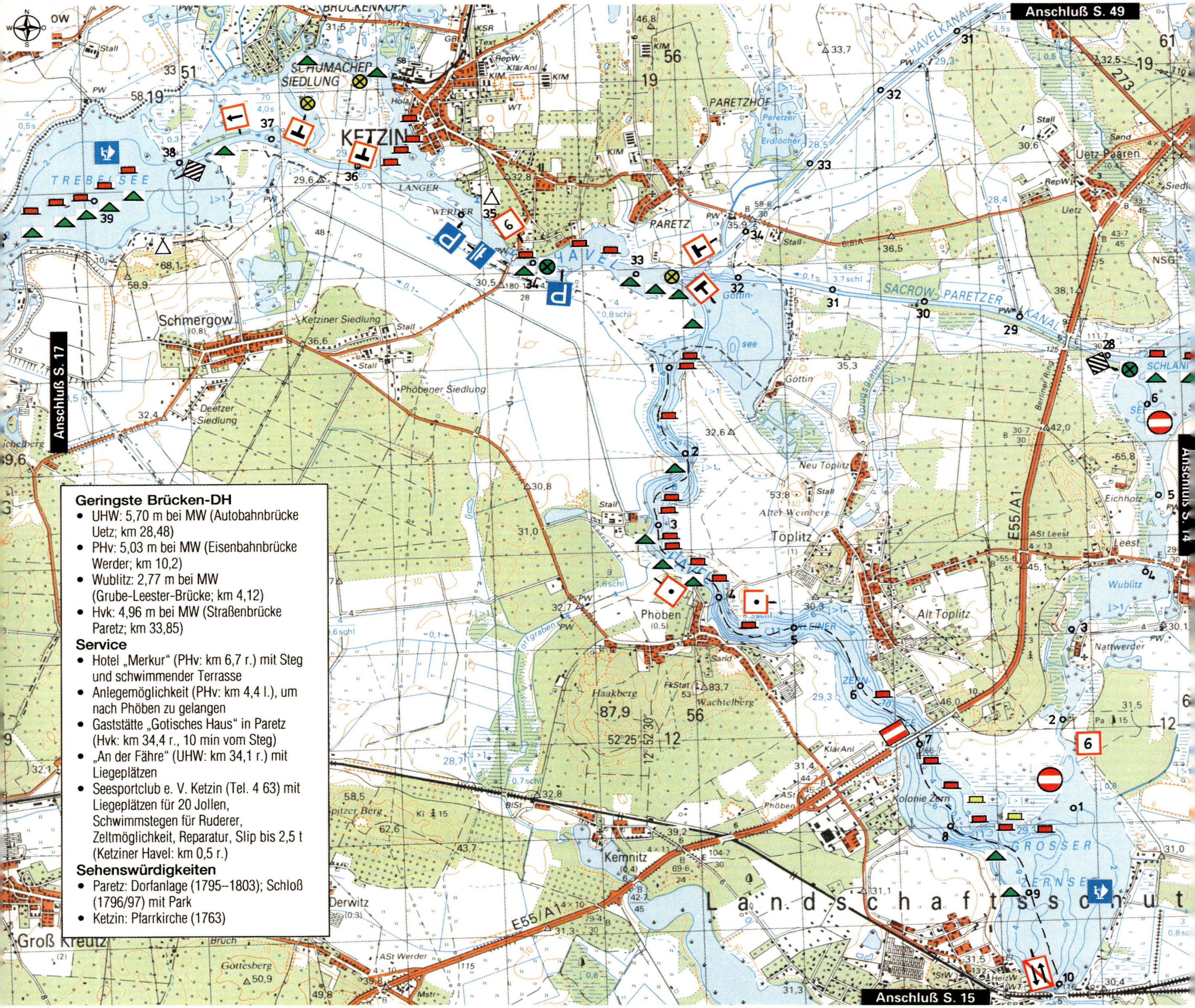

Geringste Brücken-DH

- UHW: 5,70 m bei MW (Autobahnbrücke Uetz; km 28,48)
- PHv: 5,03 m bei MW (Eisenbahnbrücke Werder; km 10,2)
- Wublitz: 2,77 m bei MW (Grube-Leester-Brücke; km 4,12)
- Hvk: 4,96 m bei MW (Straßenbrücke Paretz; km 33,85)

Service

- Hotel „Merkur" (PHv: km 6,7 r.) mit Steg und schwimmender Terrasse
- Anlegemöglichkeit (PHv: km 4,4 l.), um nach Phöben zu gelangen
- Gaststätte „Gotisches Haus" in Paretz (Hvk: km 34,4 r., 10 min vom Steg)
- „An der Fähre" (UHW: km 34,1 r.) mit Liegeplätzen
- Seesportclub e. V. Ketzin (Tel. 4 63) mit Liegeplätzen für 20 Jollen, Schwimmstegen für Ruderer, Zeltmöglichkeit, Reparatur, Slip bis 2,5 t (Ketziner Havel: km 0,5 r.)

Sehenswürdigkeiten

- Paretz: Dorfanlage (1795–1803); Schloß (1796/97) mit Park
- Ketzin: Pfarrkirche (1763)

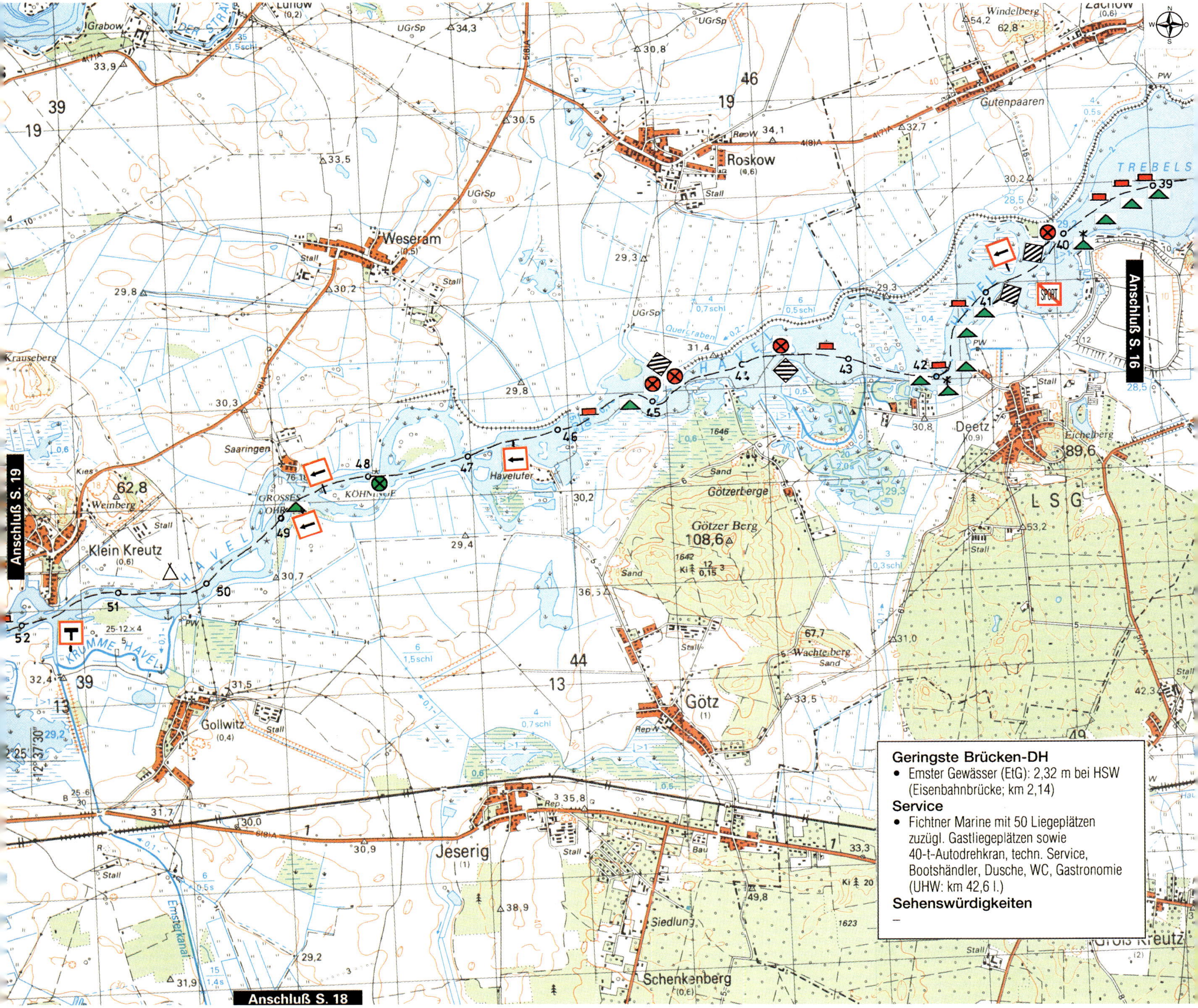

Geringste Brücken-DH

- Emster Gewässer (EtG): 2,32 m bei HSW (Eisenbahnbrücke; km 2,14)

Service

- Fichtner Marine mit 50 Liegeplätzen zuzügl. Gastliegeplätzen sowie 40-t-Autodrehkran, techn. Service, Bootshändler, Dusche, WC, Gastronomie (UHW: km 42,6 l.)

Sehenswürdigkeiten

–

Emster Gewässer (EmG)

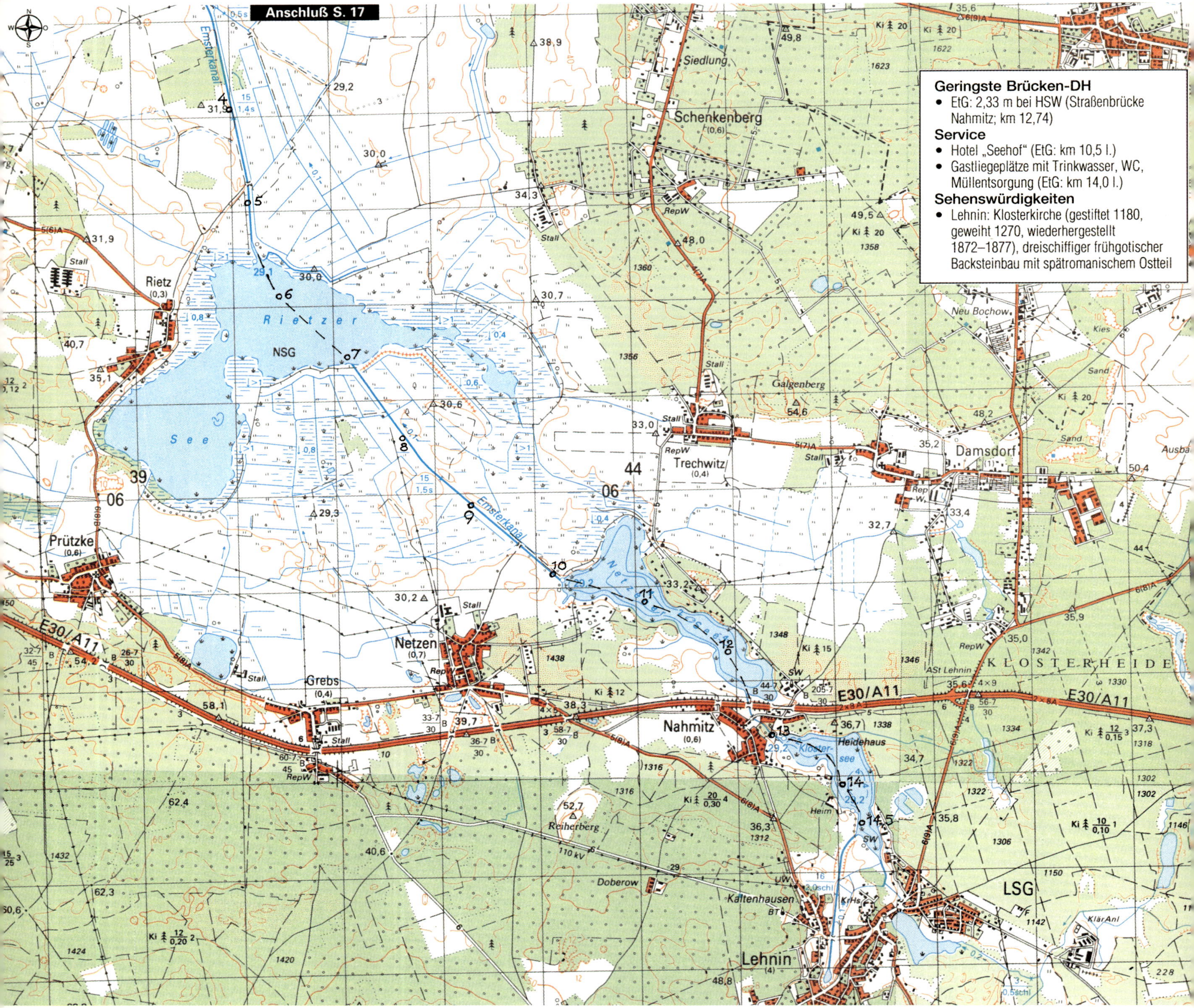

Anschluß S. 17

Geringste Brücken-DH

- EtG: 2,33 m bei HSW (Straßenbrücke Nahmitz; km 12,74)

Service

- Hotel „Seehof“ (EtG: km 10,5 l.)
- Gastliegeplätze mit Trinkwasser, WC, Müllentsorgung (EtG: km 14,0 l.)

Sehenswürdigkeiten

- Lehnin: Klosterkirche (gestiftet 1180, geweiht 1270, wiederhergestellt 1872–1877), dreischiffiger frühgotischer Backsteinbau mit spätromanischem Ostteil

Geringste Brücken-DH
- UHW: 5,04 m bei MW (Eisenbahnbrücke; km 59,86)
- BrK: 2,94 m bei MW (Steintorbrücke; km 57,82)
- BHv: 4,31 m bei MW (Jahrtausendbrücke; km 57,63)

Service
- Gaststätte „Schifferstube“ mit Steganlage (BHv: km 56,5 l.)
- Bootstankstelle und Werft Hohmann (BHv: km 58,7 l.)
- Sportbootliegestellen (ca. 50 m lang, WT mind. 1,5 m), günstig zur Innenstadt gelegen (Brk: km 57,3 l.)
- Beetzseeklause mit Anlegestelle, auch für Kanuten (BRW: km 0,6 r., unmittelbar nach Abzweig aus UHW)
- Sportbootliegestellen am Quenzsee (UHW: km 61,5 r.), privat und für Gäste mit Kran sowie Slipanlage, Tankstelle an der B 1 (300 m entfernt)

Sehenswürdigkeiten
- Brandenburg: Dom St. Peter und Paul (12. Jh., Umbau 14./15. Jh.), Domkloster (13.–15. Jh., mit Dom-Museum), Petrikapelle (13. Jh.); Altstädtisches Rathaus (15. Jh.) mit Roland; Teile der Stadtbefestigung mit Steintorturm (Museum) und Mühlentorturm, Paulskirche mit Kreuzgang (um 1300, Ruine)

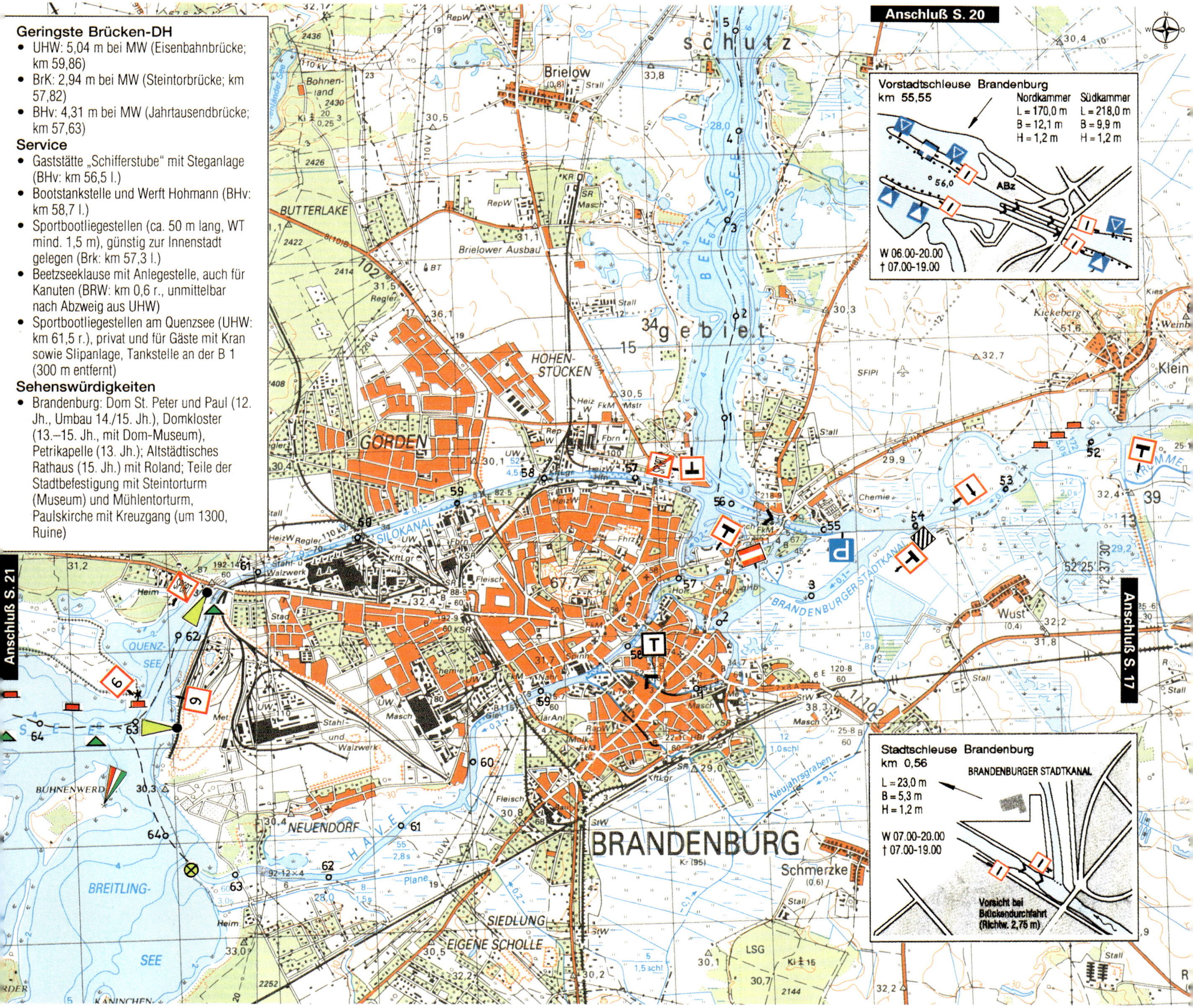

Beetzsee-Riewendsee-Wstr. (BRW)

km 4,0–21,8

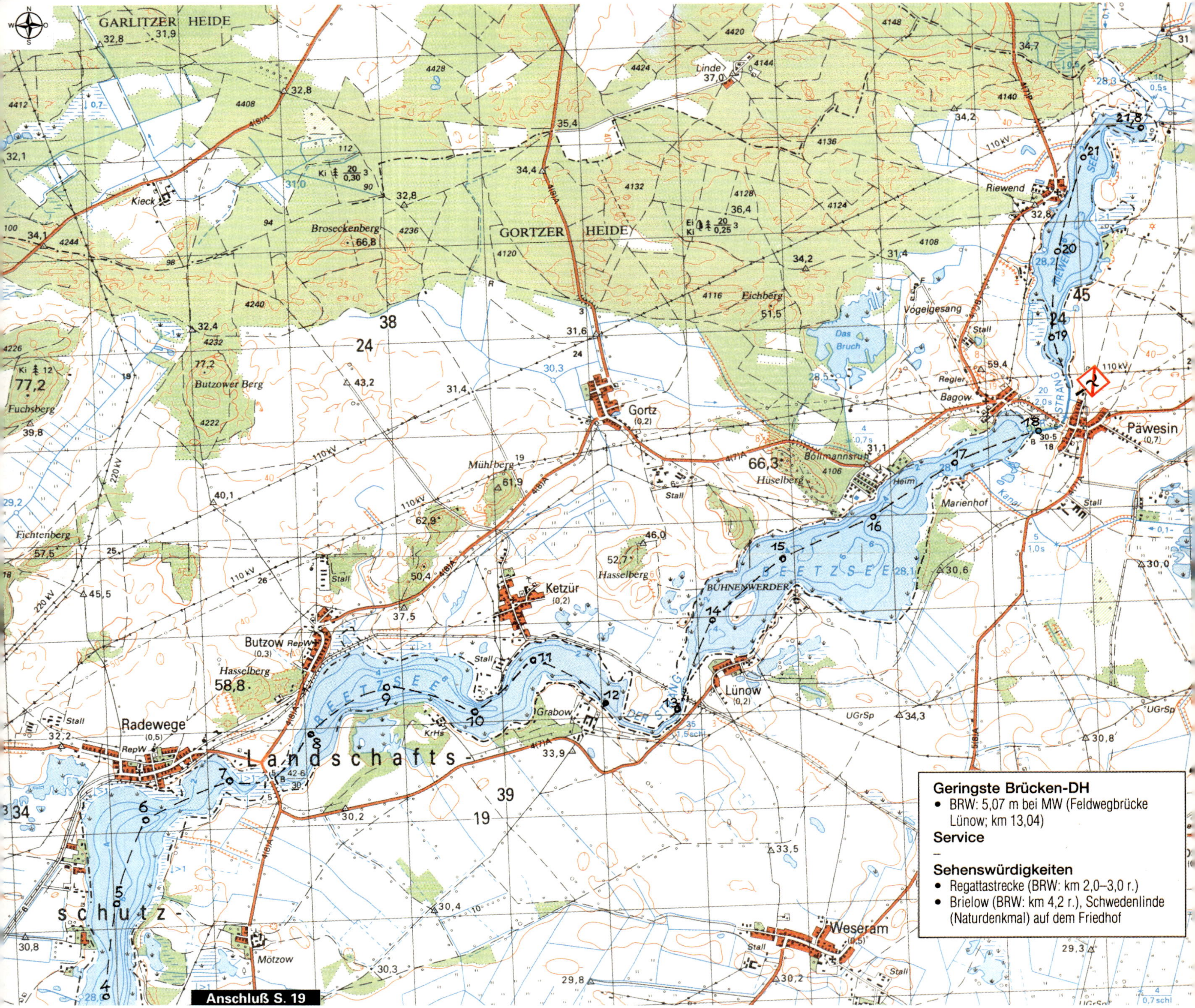

Geringste Brücken-DH

- BRW: 5,07 m bei MW (Feldwegbrücke Lünow; km 13,04)

Service

–

Sehenswürdigkeiten

- Regattastrecke (BRW: km 2,0–3,0 r.)
- Brielow (BRW: km 4,2 r.), Schwedenlinde (Naturdenkmal) auf dem Friedhof

Anschluß S. 19

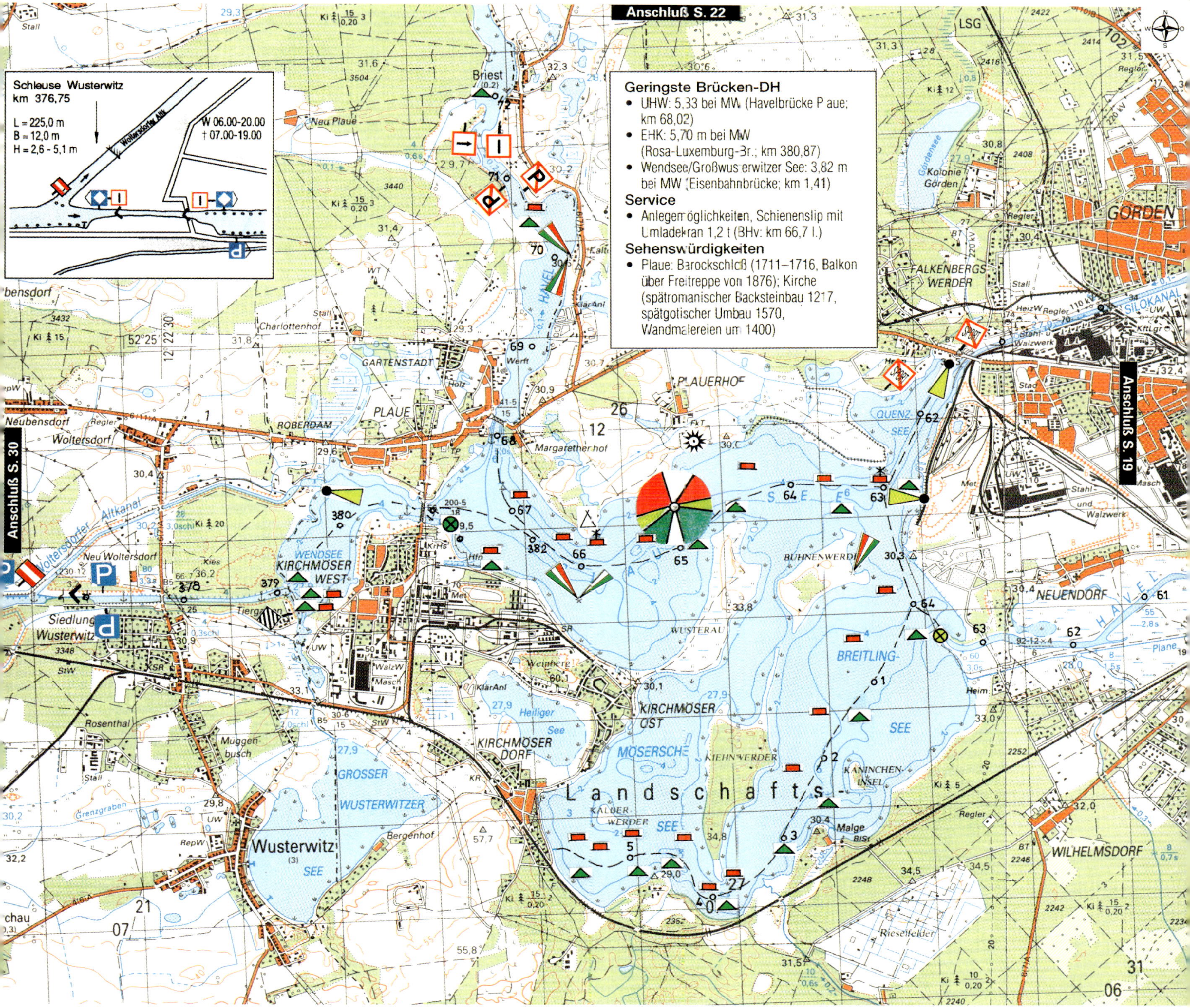
Anschluß S. 22
Anschluß S. 30
Anschluß S. 19
Schleuse Wusterwitz
km 376,75
L = 225,0 m
B = 12,0 m
H = 2,6 - 5,1 m
W 06.00-20.00
† 07.00-19.00
Geringste Brücken-DH
• UHW: 5,33 bei MW (Havelbrücke Plaue; km 68,02)
• EHK: 5,70 m bei MW (Rosa-Luxemburg-Br.; km 380,87)
• Wendsee/Großwusterwitzer See: 3,82 m bei MW (Eisenbahnbrücke; km 1,41)
Service
• Anlegemöglichkeiten, Schienenslip mit Umladekran 1,2 t (BHv: km 66,7 l.)
Sehenswürdigkeiten
• Plaue: Barockschloß (1711–1716, Balkon über Freitreppe von 1876); Kirche (spätromanischer Backsteinbau 1217, spätgotischer Umbau 1570, Wandmalereien um 1400)
Briest
Neu Plaue
GARTENSTADT
Charlottenhof
PLAUE
ROBERDAM
Neubensdorf
Woltersdorf
Margarethenhof
PLAUERHOF
QUENZ-SEE
PLAUER SEE
WENDSEE
KIRCHMÖSER WEST
Neu Woltersdorf
Siedlung Wusterwitz
BUHNENWERDER
NEUENDORF
HAVEL
SILOKANAL
FALKENBERGSWERDER
Kolonie Gorden
Gördensee
GÖRDEN
WUSTERAU
BREITLING-SEE
KIRCHMÖSER OST
KIRCHMÖSER DORF
Heiliger See
MÖSERSCHE SEE
KIEHNWERDER
KANINCHEN-INSEL
Landschaftsschutzgebiet
KALDERWERDER
GROSSER WUSTERWITZER SEE
Wusterwitz
Bergenhof
Muggenbusch
Rosenthal
Malge
WILHELMSDORF
Rieselfelder
Tiergarten
Weinberg
Altkanal
Woltersdorfer Altkanal
Grenzgraben
Plane

UHW km 72,0–91,0 mit Pritzerber See

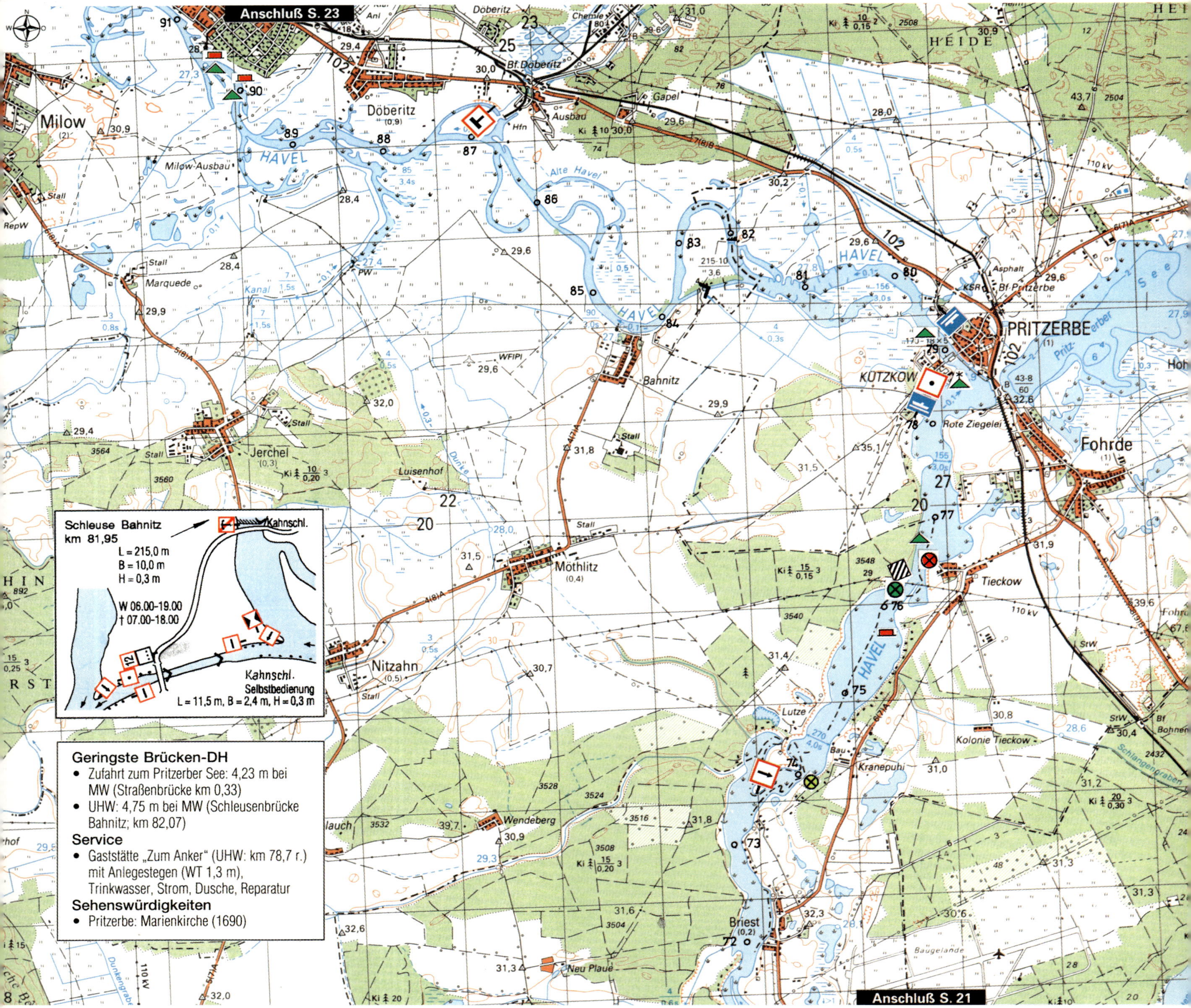

Geringste Brücken-DH

- Zufahrt zum Pritzerber See: 4,23 m bei MW (Straßenbrücke km 0,33)
- UHW: 4,75 m bei MW (Schleusenbrücke Bahnitz; km 82,07)

Service

- Gaststätte „Zum Anker" (UHW: km 78,7 r.) mit Anlegestegen (WT 1,3 m), Trinkwasser, Strom, Dusche, Reparatur

Sehenswürdigkeiten

- Pritzerbe: Marienkirche (1690)

UHW km 88,0–104,0 mit Mögeliner Havel

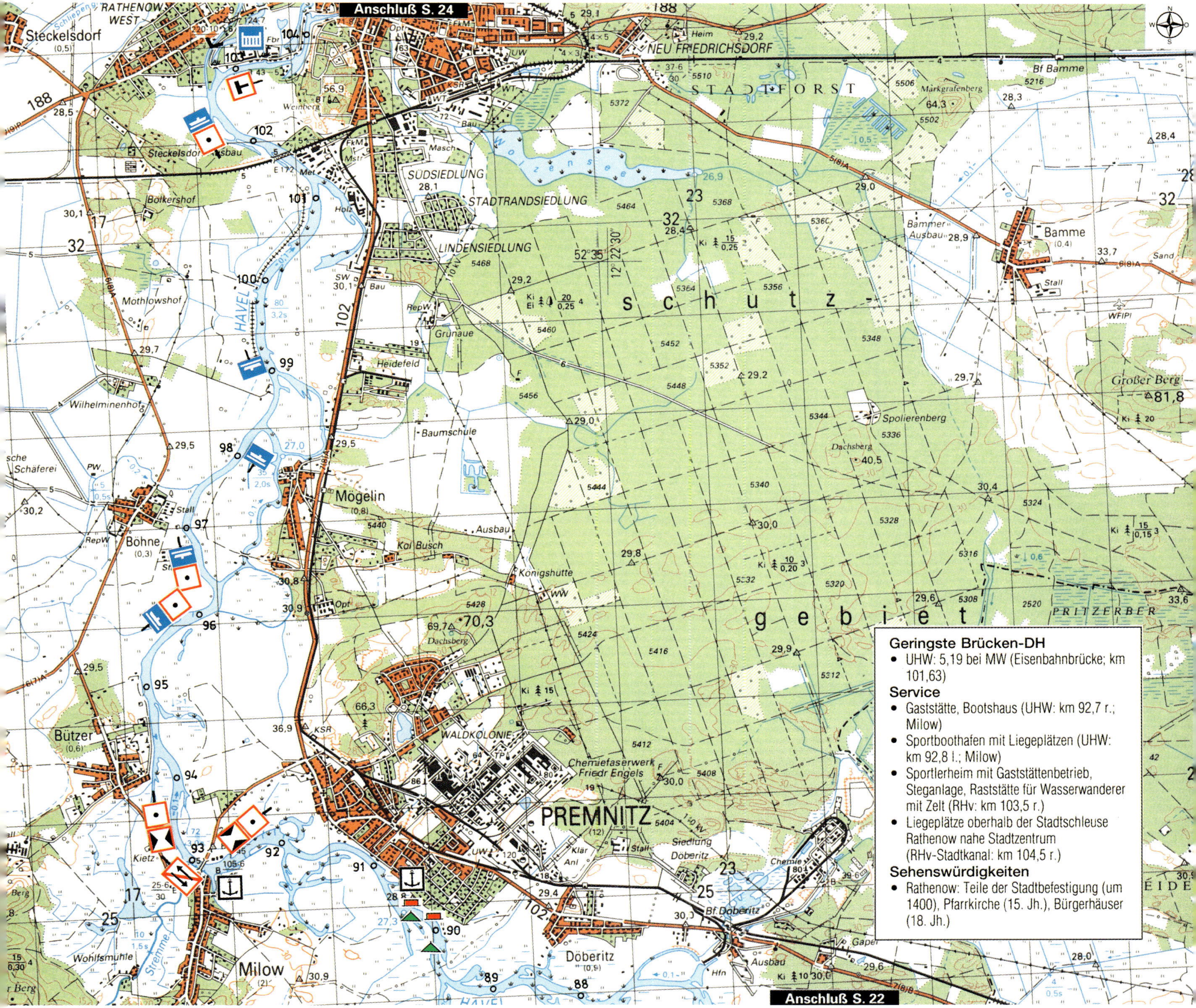

Geringste Brücken-DH

- UHW: 5,19 bei MW (Eisenbahnbrücke; km 101,63)

Service

- Gaststätte, Bootshaus (UHW: km 92,7 r.; Milow)
- Sportboothafen mit Liegeplätzen (UHW: km 92,8 l.; Milow)
- Sportlerheim mit Gaststättenbetrieb, Steganlage, Raststätte für Wasserwanderer mit Zelt (RHv: km 103,5 r.)
- Liegeplätze oberhalb der Stadtschleuse Rathenow nahe Stadtzentrum (RHv-Stadtkanal: km 104,5 r.)

Sehenswürdigkeiten

- Rathenow: Teile der Stadtbefestigung (um 1400), Pfarrkirche (15. Jh.), Bürgerhäuser (18. Jh.)

UHW km 103,0–115,0 mit RHv sowie HnW

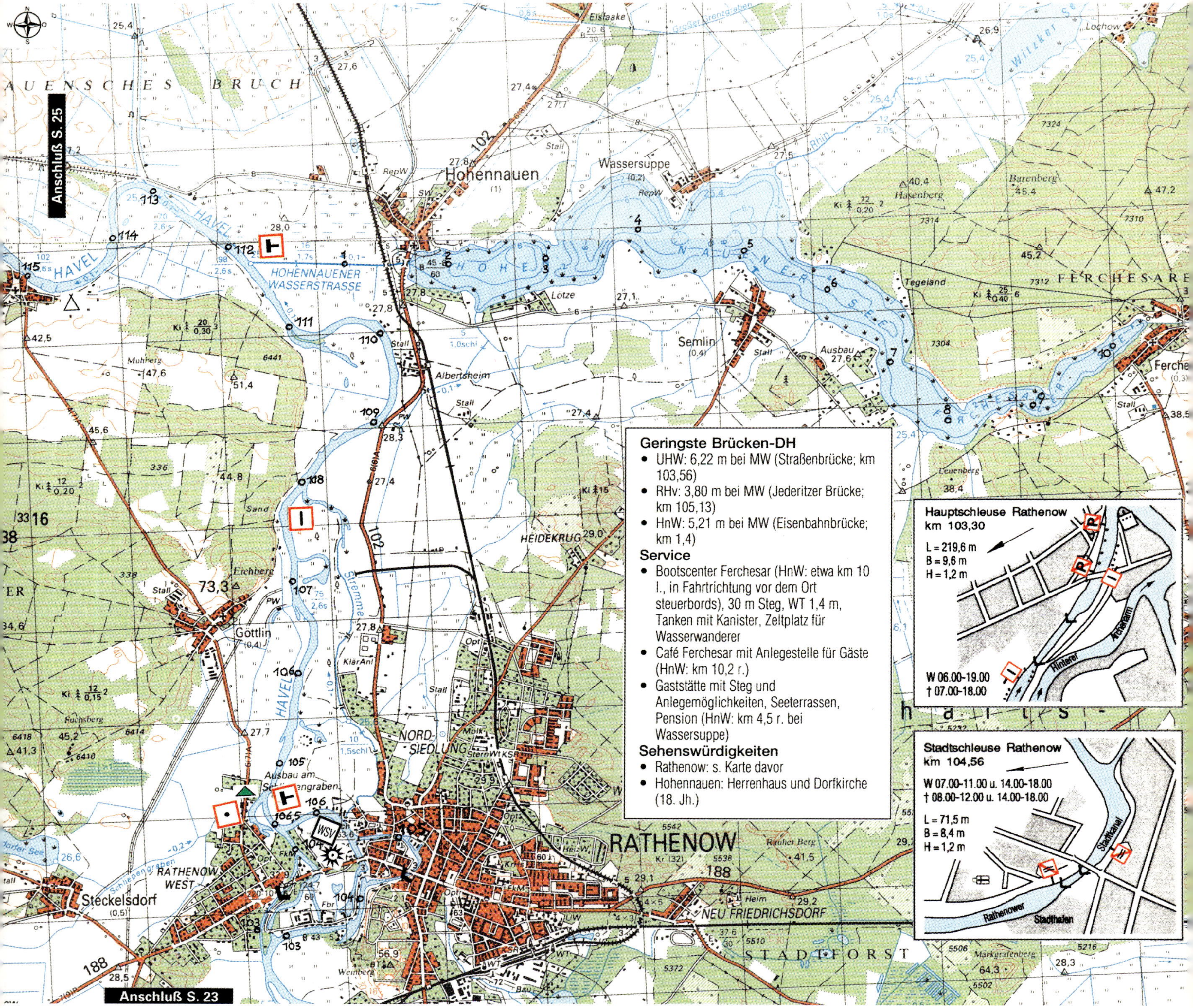

Geringste Brücken-DH

- UHW: 6,22 m bei MW (Straßenbrücke; km 103,56)
- RHv: 3,80 m bei MW (Jederitzer Brücke; km 105,13)
- HnW: 5,21 m bei MW (Eisenbahnbrücke; km 1,4)

Service

- Bootscenter Ferchesar (HnW: etwa km 10 l., in Fahrtrichtung vor dem Ort steuerbords), 30 m Steg, WT 1,4 m, Tanken mit Kanister, Zeltplatz für Wasserwanderer
- Café Ferchesar mit Anlegestelle für Gäste (HnW: km 10,2 r.)
- Gaststätte mit Steg und Anlegemöglichkeiten, Seeterrassen, Pension (HnW: km 4,5 r. bei Wassersuppe)

Sehenswürdigkeiten

- Rathenow: s. Karte davor
- Hohennauen: Herrenhaus und Dorfkirche (18. Jh.)

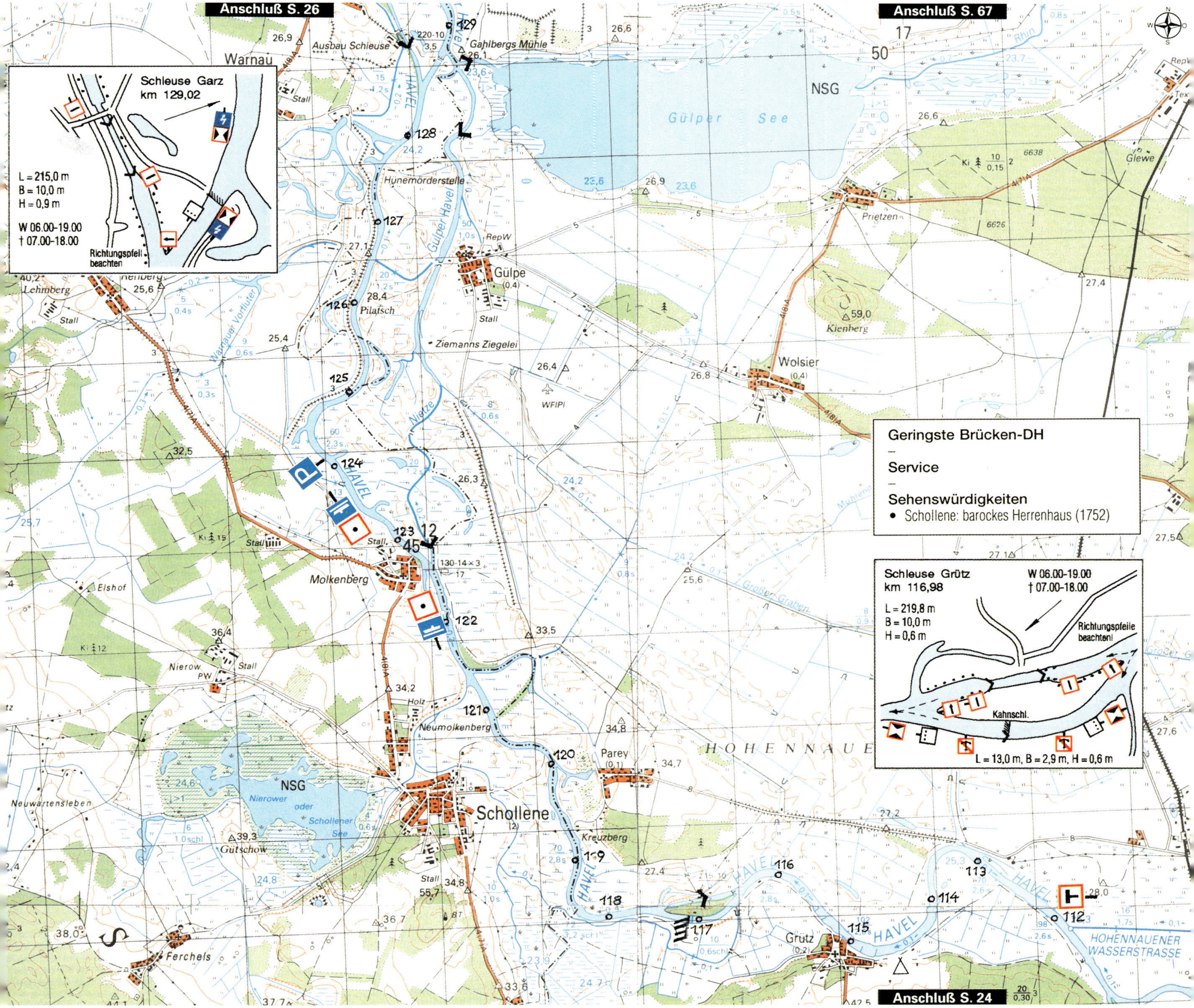
Anschluß S. 26
Anschluß S. 67
Anschluß S. 24
Schleuse Garz
km 129,02
L = 215,0 m
B = 10,0 m
H = 0,9 m
W 06.00-19.00
† 07.00-18.00
Richtungspfeil beachten
Schleuse Grütz
km 116,98
L = 219,8 m
B = 10,0 m
H = 0,6 m
W 06.00-19.00
† 07.00-18.00
Richtungspfeile beachten!
Kahnschl.
L = 13,0 m, B = 2,9 m, H = 0,6 m
Geringste Brücken-DH
–
Service
–
Sehenswürdigkeiten
• Schollene: barockes Herrenhaus (1752)
Warnau
Ausbau Schleuse
Gahlbergs Mühle
Gülper See
NSG
Rhin
Hünemörderstelle
Gülper Havel
HAVEL
Gülpe
Pilatsch
Ziemanns Ziegelei
Wolsier
Kienberg
Prietzen
Glewe
Lehmberg
Warnauer Vorfluter
Nitzahne
Molkenberg
Elshof
Nierow
Neumolkenberg
Holz
Parey
HOHENNAUE
Großer Graben
Nierower oder Schollener See
Schollene
Neuwartensleben
Gutschow
Kreuzberg
Ferchels
Grütz
HOHENNAUER WASSERSTRASSE

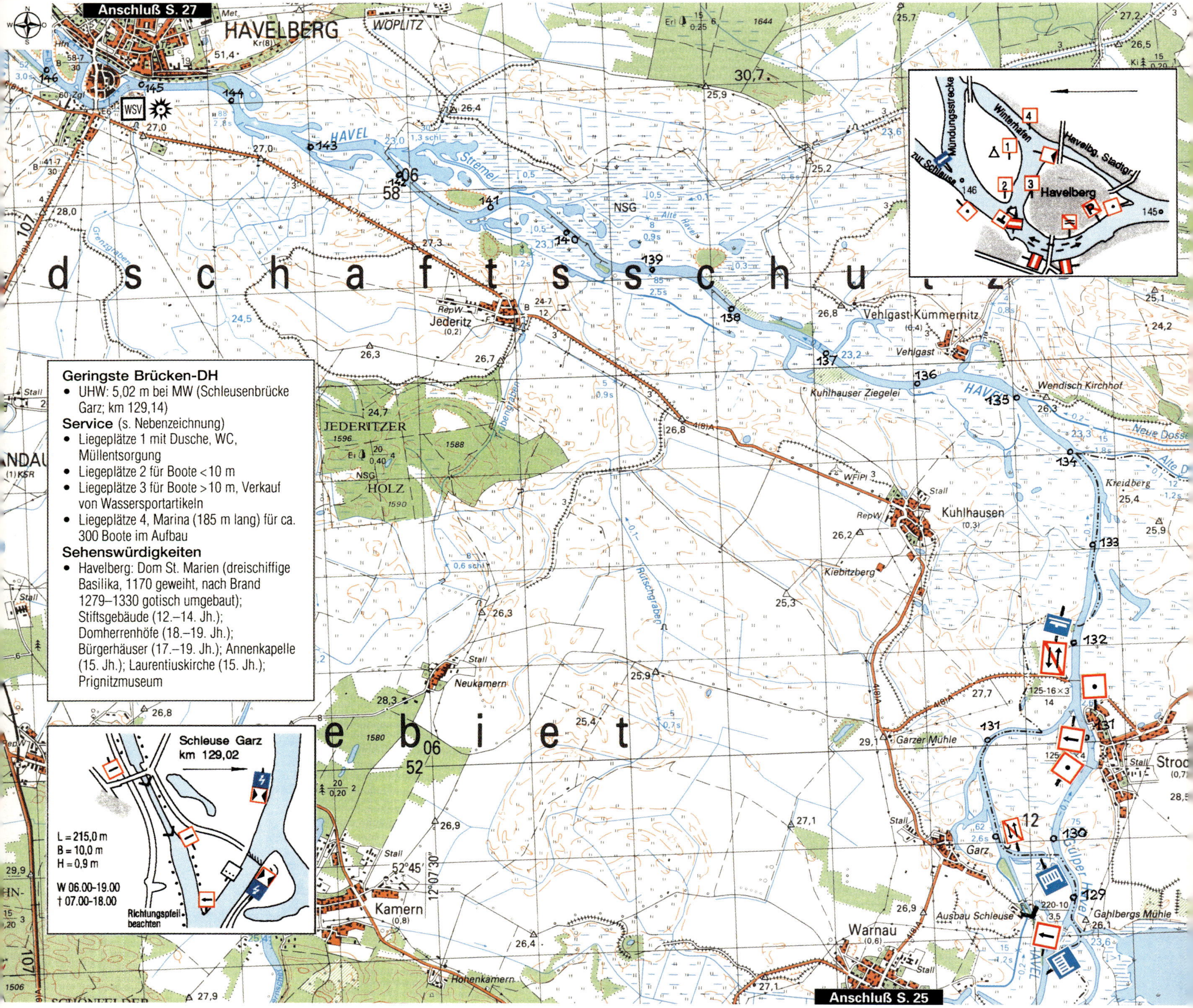

Geringste Brücken-DH

- UHW: 5,02 m bei MW (Schleusenbrücke Garz; km 129,14)

Service (s. Nebenzeichnung)

- Liegeplätze 1 mit Dusche, WC, Müllentsorgung
- Liegeplätze 2 für Boote <10 m
- Liegeplätze 3 für Boote >10 m, Verkauf von Wassersportartikeln
- Liegeplätze 4, Marina (185 m lang) für ca. 300 Boote im Aufbau

Sehenswürdigkeiten

- Havelberg: Dom St. Marien (dreischiffige Basilika, 1170 geweiht, nach Brand 1279–1330 gotisch umgebaut); Stiftsgebäude (12.–14. Jh.); Domherrenhöfe (18.–19. Jh.); Bürgerhäuser (17.–19. Jh.); Annenkapelle (15. Jh.); Laurentiuskirche (15. Jh.); Prignitzmuseum

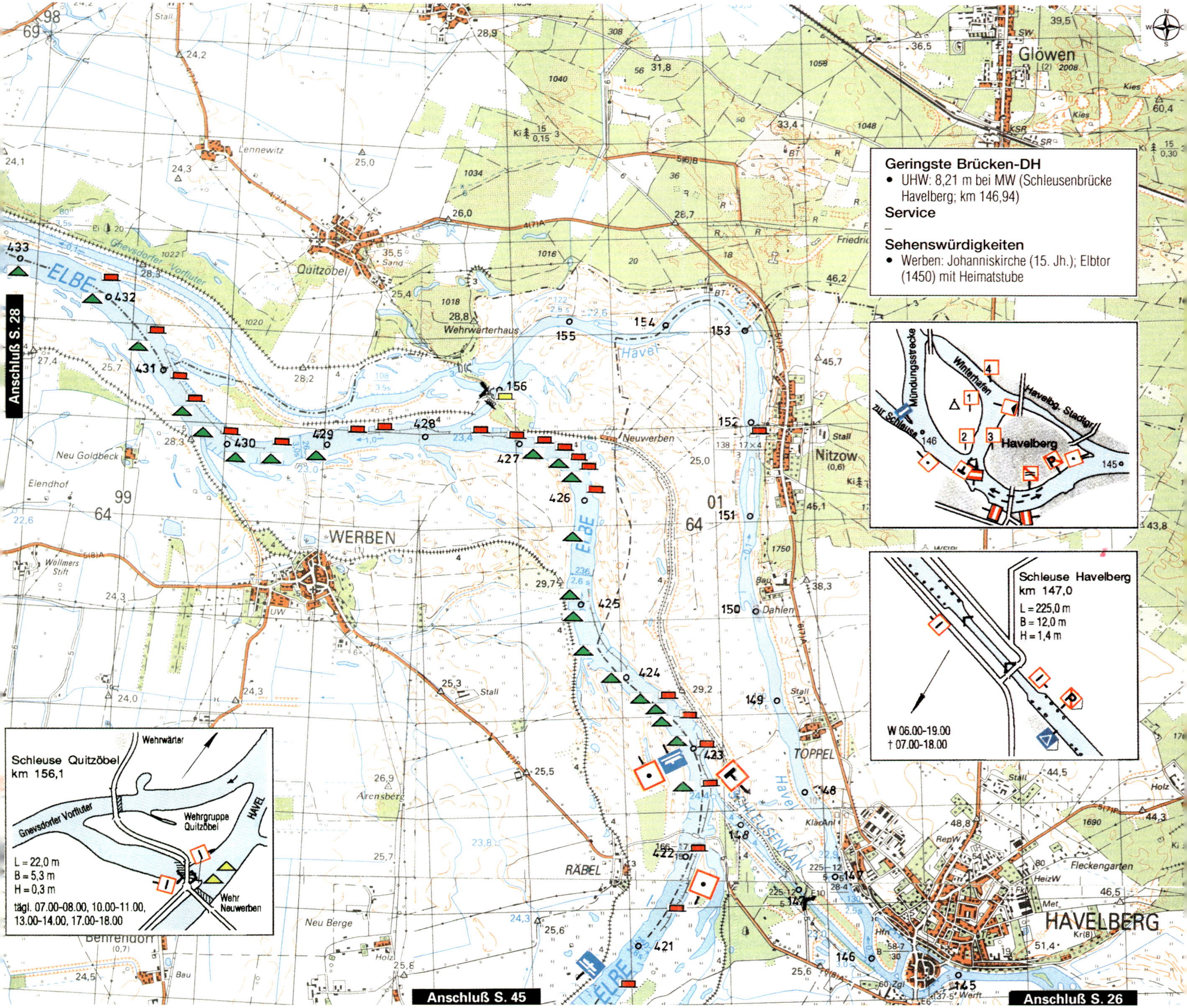
Geringste Brücken-DH
• UHW: 8,21 m bei MW (Schleusenbrücke Havelberg; km 146,94)
Service
–
Sehenswürdigkeiten
• Werben: Johanniskirche (15. Jh.); Elbtor (1450) mit Heimatstube
Schleuse Havelberg
km 147,0
L = 225,0 m
B = 12,0 m
H = 1,4 m
W 06.00-19.00
† 07.00-18.00
Schleuse Quitzöbel
km 156,1
L = 22,0 m
B = 5,3 m
H = 0,3 m
tägl. 07.00-08.00, 10.00-11.00, 13.00-14.00, 17.00-18.00
Wehrwärter
Gnevsdorfer Vorfluter
Wehrgruppe Quitzöbel
HAVEL
Wehr Neuwerben
Mündungsstrecke
Winterhafen
Havelbg. Stadtgr.
zur Schleuse
Havelberg
Anschluß S. 28
Anschluß S. 45
Anschluß S. 26
ELBE
Havel
SCHLEUSENKAN.
Glöwen
Lennewitz
Quitzöbel
Wehrwärterhaus
Neuwerben
Nitzow
Neu Goldbeck
Elendhof
WERBEN
Wollmers Stift
Dahlen
TOPPEL
Arensberg
RÄBEL
Neu Berge
Behrendorf
HAVELBERG
Fleckengarten

Gnevsdorfer Vorfluter und Elbe (El)

km 431,0–451,0

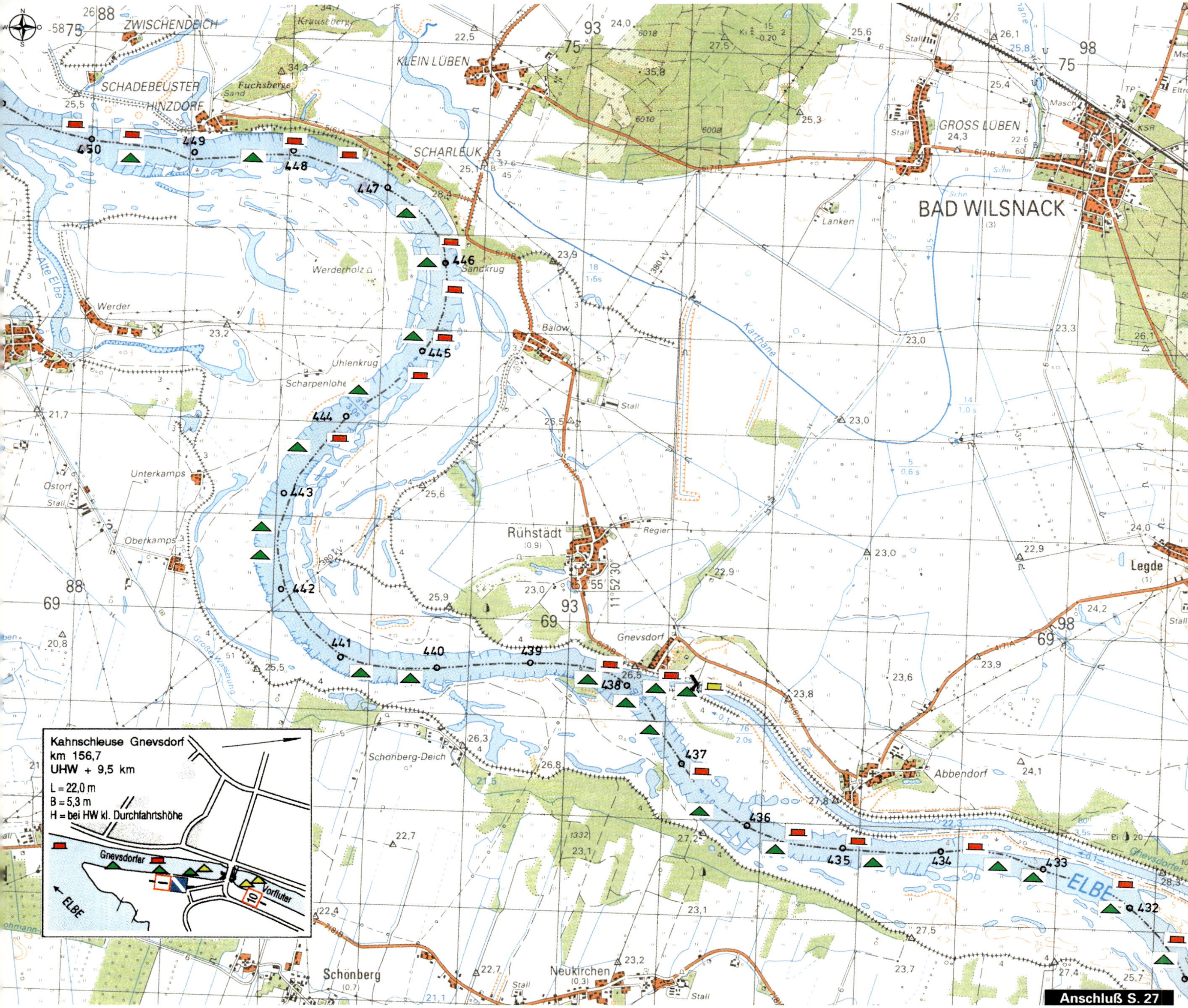

Anschluß S. 27

Der Elbe-Havel-Kanal verbindet über den Niegripper und den Pareyer Verbindungskanal (NVK und PVK) die Untere Havel-Wasserstraße mit der Elbe. Vorläufer des Kanals waren der unter Friedrich dem Großen 1743–1745 gebaute Plauer Kanal und der zwischen 1865 und 1872 errichtete Ihlekanal. Unter teilweiser Benutzung ihrer Trasse wurde dann in den zwanziger und dreißiger Jahren dieses Jahrhunderts der Elbe-Havel-Kanal gebaut. Die Kanalkilometrierung beginnt mit km 326,0 (der durchgehenden Kilometrierung des Mittellandkanals, km 0 bei Bergeshövede) und endet bei km 382,05 im Plauer See. Linkes und rechtes Ufer in Richtung Elbe gesehen. Pareyer und Niegripper VK sind vom EHK in Richtung Elbe kilometriert. Der Anschluß des EHK an den Mittellandkanal ist Bestandteil des Projektes 17 der Verkehrsprojekte Deutsche Einheit und wird mittels eines Aufstieges in Hohenwarthe (Doppelschachtschleuse) und einer Kanalbrücke über die Elbe bewerkstelligt.

Wasserstraßendaten

Streckenlänge: EHK 56,05 km; Niegripper VK 1,78 km; Pareyer VK 3,50 km

Entfernungen: UHW–Elbe bei Niegripper 57,83 km; UHW–Elbe bei Parey 33,18 km

Staustufen:

- Niegripp im Niegripper VK (km 0,7)
- Zerben (km 345,4)
- Wusterwitz (km 376,8)
- Parey im Pareyer VK (km 2,7)

Höhenunterschied: zwischen Elbe bei Niegripp und UHW bei MW etwa 11 m, zwischen Elbe bei Parey und UHW bei MW etwa 5,4 m

Wasserspiegelbreiten: i. a. 38–40 m, teilweise bis 55 m

Wassertiefen: mind. 3,0 m bei NoSt, zugelassene Tauchtiefen: 2,0 m. In den Anschlußbereichen zur UHW und zur Elbe sind die dortigen Tauchtiefenangaben zu beachten!

Wasserstraßenprofil: fast ausschließlich Muldenprofil mit 1:3 geneigter steinbefestigter Uferböschung

Strömungsgeschwindigkeiten: zwischen Null und 0,2 m/s

Geringste Brückendurchfahrtshöhe: 4,4 m bei MW an der Kaderbrücke

Abzweigende und einmündende Wasserstraßen:

a)	km 326,00 r	Mündung des Niegripper VK
b)	km 329,70 r	Kiesgrube Niegripp (Durchfahrt zum Niegripper Altkanal möglich)
c)	km 331,20 r	Abzweig Niegripper Altkanal (4,4 km lang, für Sportboote befahrbar)
d)	km 331,37 r	Mündung des Pareyer VK
e)	km 355,15 l	Mündung des Bergzower Altkanals (auf 1,56 km Länge für Sportboote befahrbar)
f)	km 359,90 r	Abzweig des Altenplathower Altkanals (für Sportboote befahrbar)
f)	km 361,50 r	Mündung des Altenplathower Altkanals (s. o.)
g)	km 363,65 r	Abzweig des Roßdorfer Altkanals (Altkanal 6,7 km lang; für Sportboote durchgehend befahrbar)
g)	km 368,54 r	Mündung des Roßdorfer Altkanals (s. o.)
h)	km 379,10 l	Mündung der Wasserstraße Wendsee–Groß-Wusterwitzer See (auf 4,1 km Länge befahrbar, Wassertiefen bei MW etwa 2,0 m, geringste Brückendurchfahrtshöhe 2,8 m bei MW)

Befahrungshinweise

Schleusenöffnungszeiten: Werktage 06.00–20.00 Uhr, Sonn- und Feiertage 07.00–19.00 Uhr (alle Schleusen)

Zulässige Höchstgeschwindigkeiten: 10,0 km/h

Tankmöglichkeiten: Bunkerboot Genthin, Straßentankstellen in Wusterwitz, Genthin und Burg. Besonders günstig ist die Tankstelle in Genthin (an der B 1, Nähe Straßenbrücke bei km 364,26).

EHK km 365,0–376,0 mit Roßdorfer Altkanal

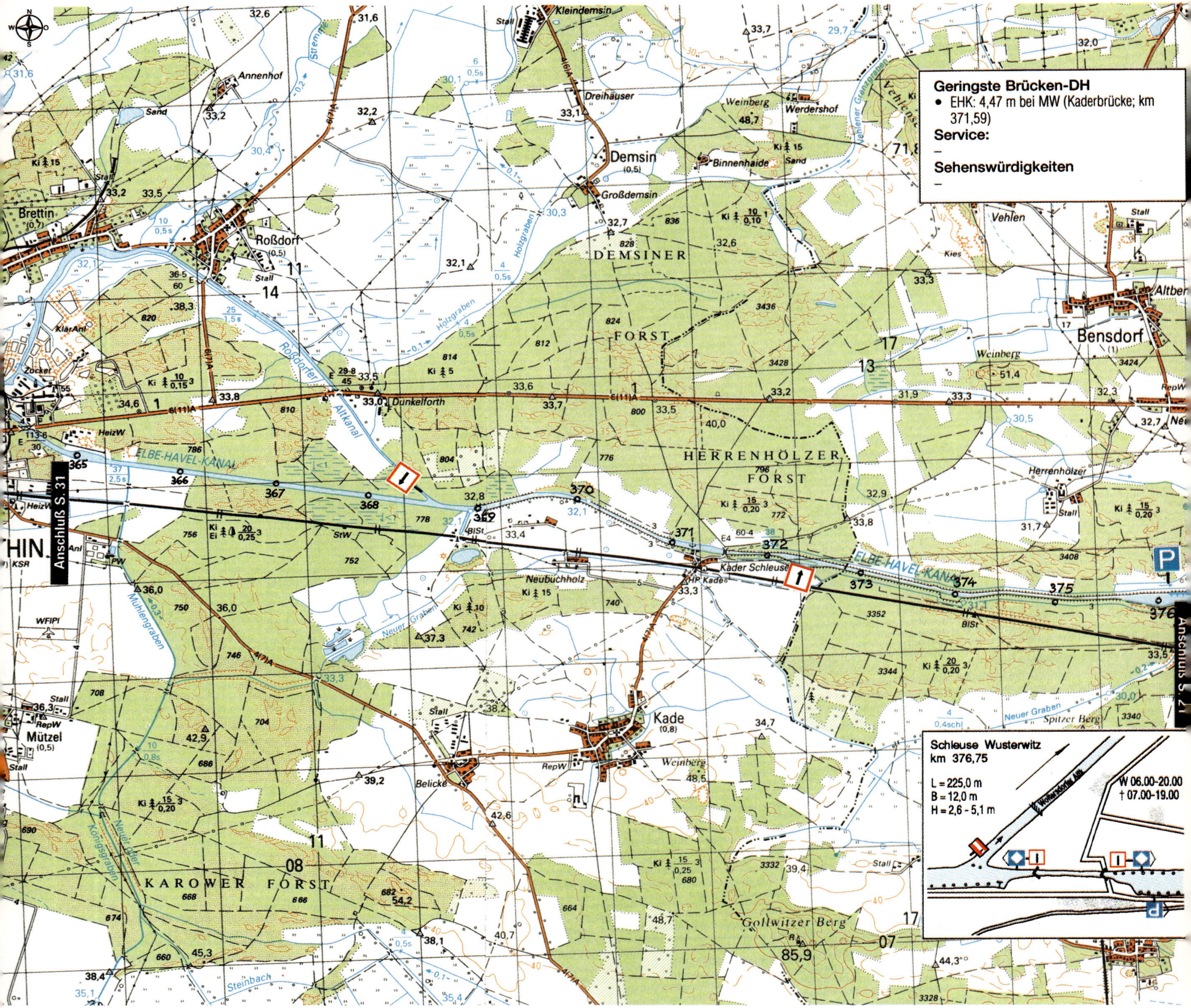

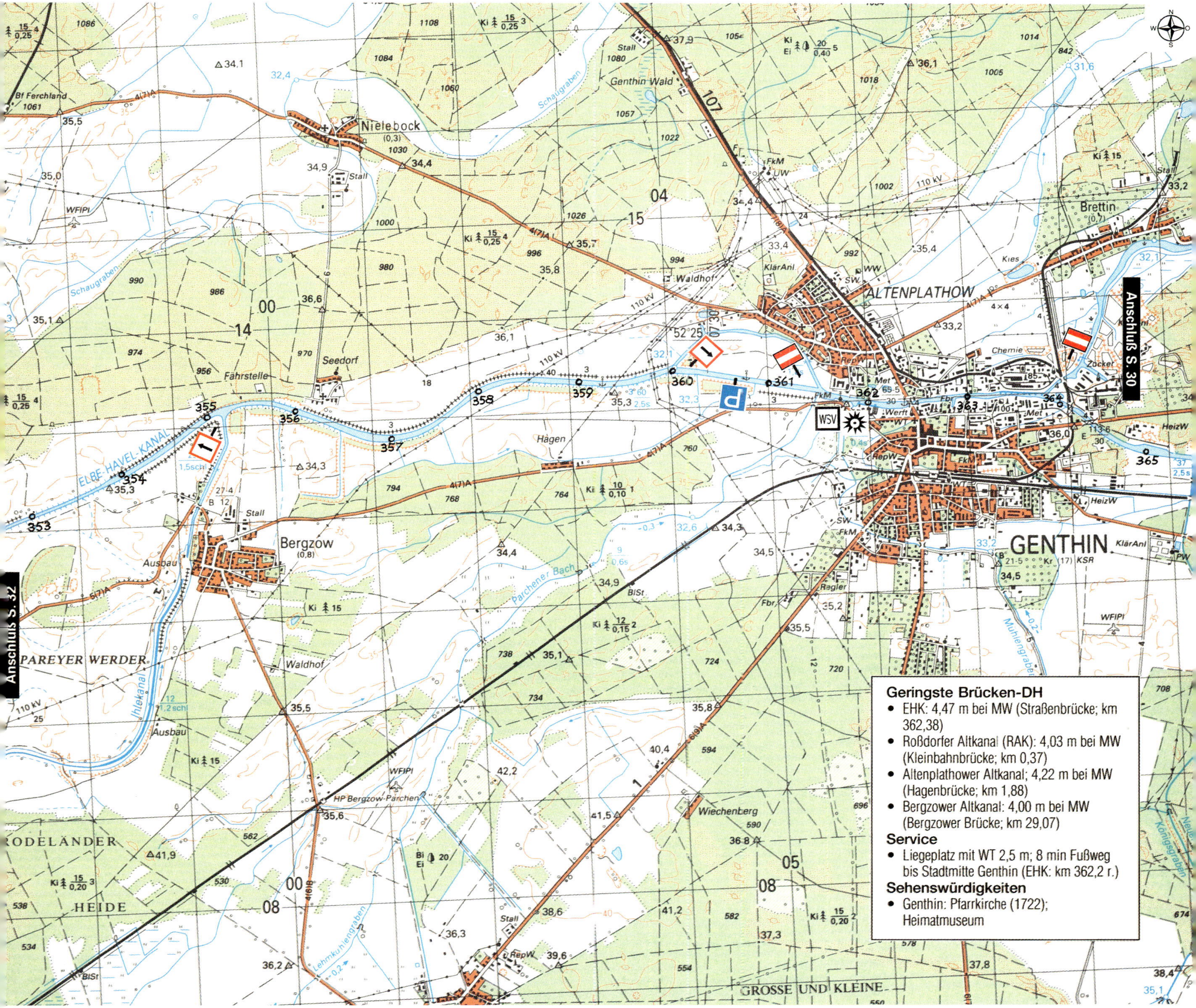

Geringste Brücken-DH

- EHK: 4,47 m bei MW (Straßenbrücke; km 362,38)
- Roßdorfer Altkanal (RAK): 4,03 m bei MW (Kleinbahnbrücke; km 0,37)
- Altenplathower Altkanal; 4,22 m bei MW (Hagenbrücke; km 1,88)
- Bergzower Altkanal: 4,00 m bei MW (Bergzower Brücke; km 29,07)

Service

- Liegeplatz mit WT 2,5 m; 8 min Fußweg bis Stadtmitte Genthin (EHK: km 362,2 r.)

Sehenswürdigkeiten

- Genthin: Pfarrkirche (1722); Heimatmuseum

EHK km 345,0–353,0 mit PVK und Elbe km 359,0–374,0

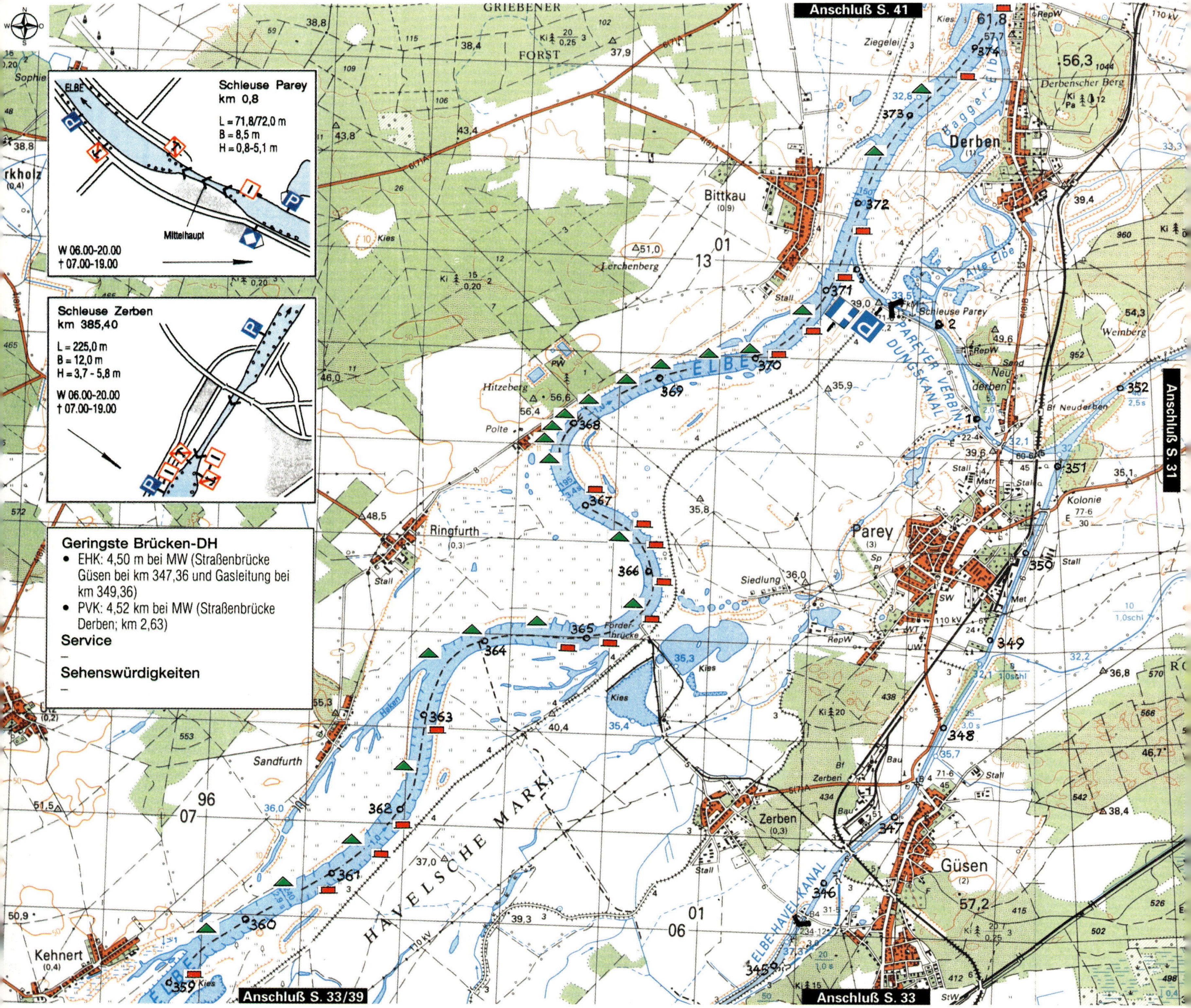

Geringste Brücken-DH

- EHK: 4,50 m bei MW (Straßenbrücke Güsen bei km 347,36 und Gasleitung bei km 349,36)
- PVK: 4,52 km bei MW (Straßenbrücke Derben; km 2,63)

Service

–

Sehenswürdigkeiten

–

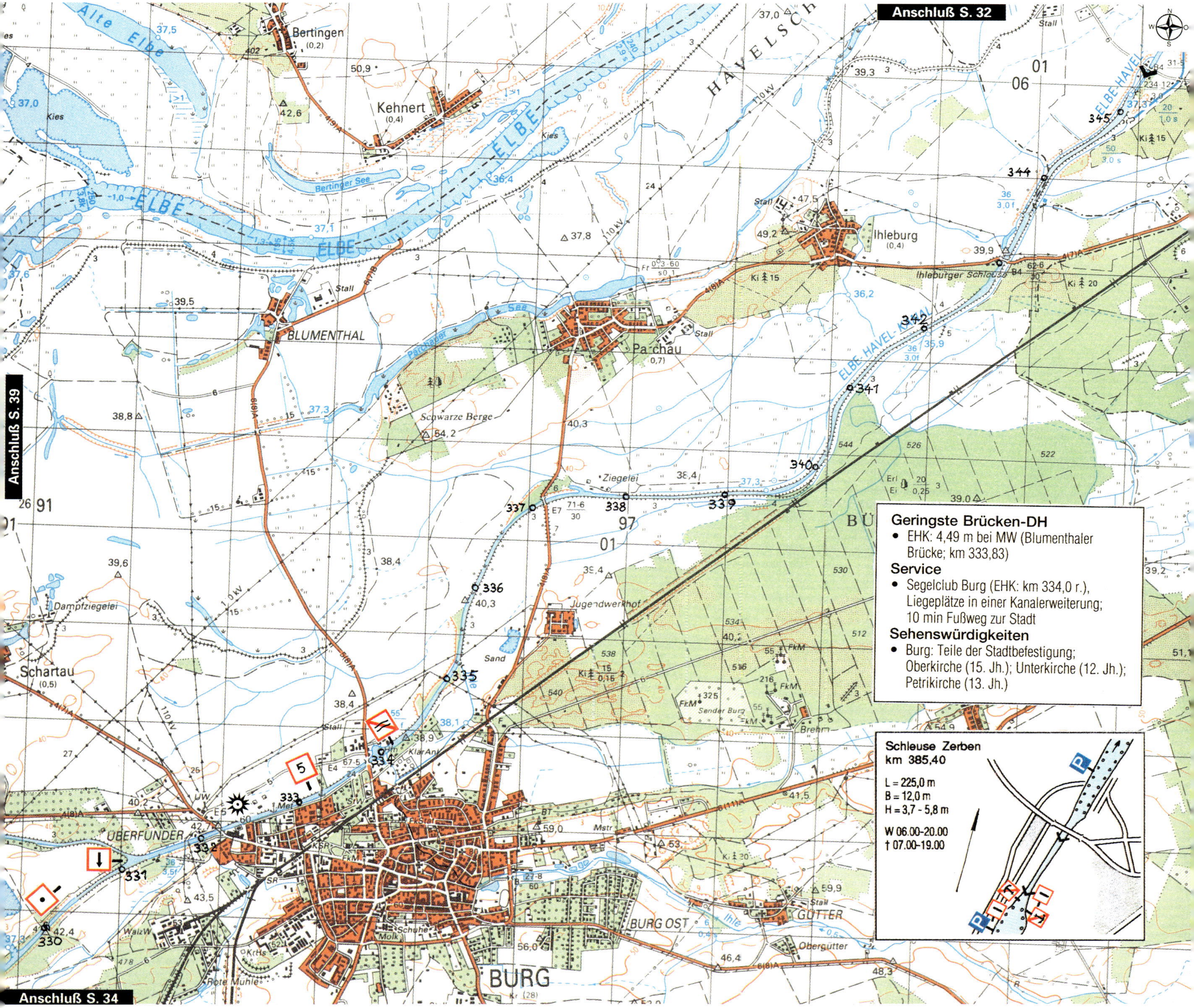
Anschluß S. 32
Anschluß S. 39
Anschluß S. 34
Alte Elbe
ELBE
Bertingen
Kehnert
Bertinger See
HAVELSCH
Ihleburg
Ihleburger Schleuse
BLUMENTHAL
Parchauer See
Parchau
Schwarze Berge
Ziegelei
ELBE-HAVEL-KANAL
ELBE-HAVEL
Dampfziegelei
Schartau
Jugendwerkhof
Sand
Sender Burg
Brehm
ÜBERFUNDER
BURG OST
GÜTTER
Obergütter
Rote Mühle
BURG
330
331
332
333
334
335
336
337
338
339
340
341
342
344
345
Geringste Brücken-DH
• EHK: 4,49 m bei MW (Blumenthaler Brücke; km 333,83)
Service
• Segelclub Burg (EHK: km 334,0 r.), Liegeplätze in einer Kanalerweiterung; 10 min Fußweg zur Stadt
Sehenswürdigkeiten
• Burg: Teile der Stadtbefestigung; Oberkirche (15. Jh.); Unterkirche (12. Jh.); Petrikirche (13. Jh.)
Schleuse Zerben
km 385,40
L = 225,0 m
B = 12,0 m
H = 3,7 - 5,8 m
W 06.00-20.00
† 07.00-19.00

EHK km 326,0–km 330,0 und Elbe km 333,0–345,0

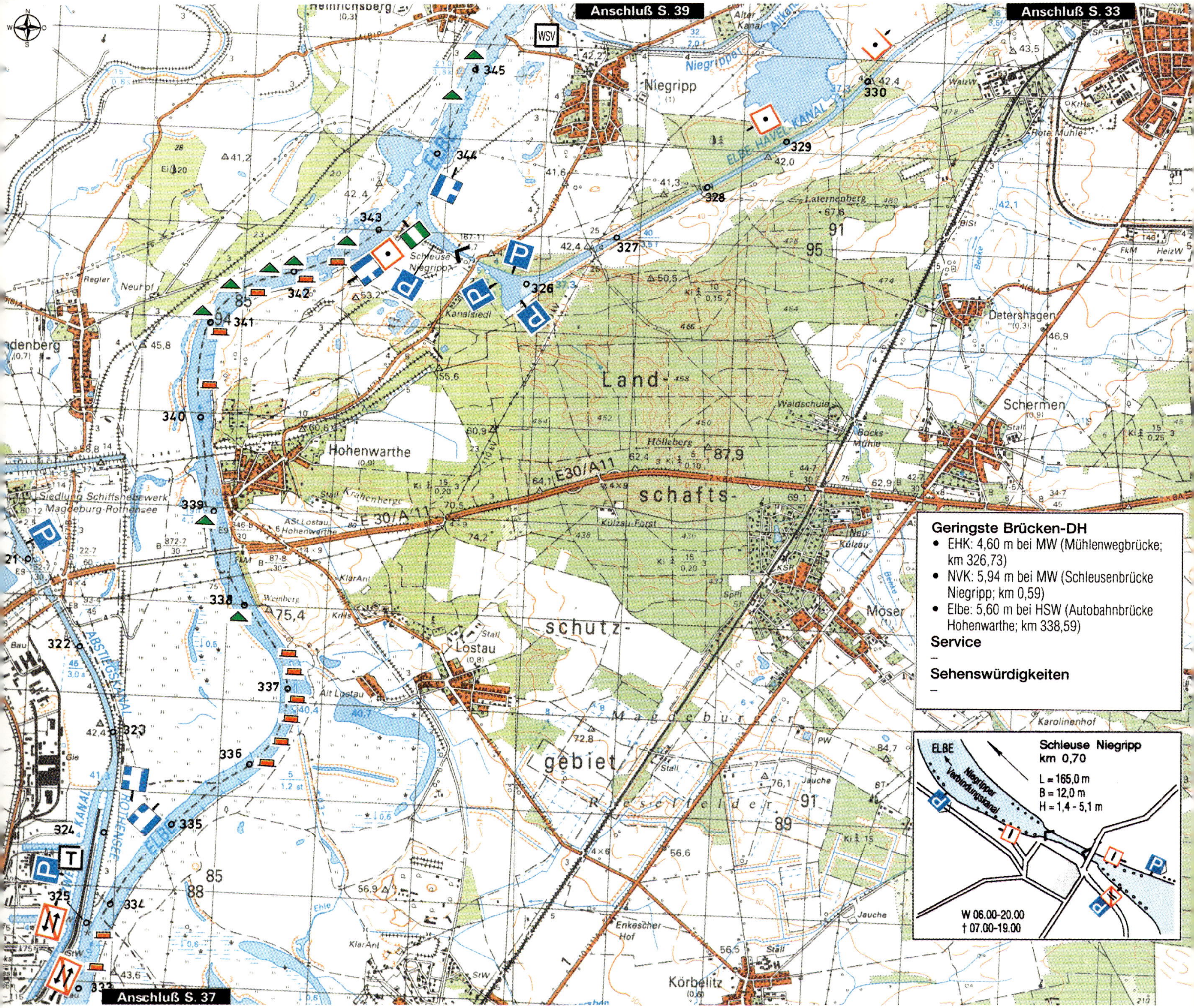

Geringste Brücken-DH

- EHK: 4,60 m bei MW (Mühlenwegbrücke; km 326,73)
- NVK: 5,94 m bei MW (Schleusenbrücke Niegripp; km 0,59)
- Elbe: 5,60 m bei HSW (Autobahnbrücke Hohenwarthe; km 338,59)

Service

–

Sehenswürdigkeiten

–

Elbe (El) zwischen Magdeburg und Gnevsdorf

Die Elbe ist auf dem überwiegenden Teil ihres Verlaufes in Deutschland ein mit Deckwerken und Buhnen geregelter Strom. Kilometrierung in Stromrichtung, ebenso rechtes und linkes Ufer.

Wasserstraßendaten
Streckenlänge: 105,2 km (zwischen Einfahrt Industriehafen und Mündung Gnevsdorfer Vorfluter)
Markante Streckenunterteilungen:
- km 332,8 (Einfahrt Industriehafen)–km 344,5 (Niegripp) Tauchtiefenstrecke 6
- km 344,5 (Niegripp)–km 422,8 (Mündung Schleusenkanal Havelberg) Tauchtiefenstrecke 7
- km 422,8 (Schleusenkanal Havelberg)–km 473,8 (Cumlosen) Tauchtiefenstrecke 8, Höhenunterschied zwischen Industriehafen Magdeburg und Gnevsdorfer Vorfluter ca. 19 m bei MW

Wasserspiegelbreiten: zwischen 160 und 200 m bei MW
Wassertiefen: bei MW etwa 3,0 m, bei NW erheblich geringer (TT-Ansage im Rundfunk für die einzelnen TT-Strecken beachten!)
Wasserstraßenprofil: Der Strom hat normalerweise ein muldenförmiges Profil, das zwischen den Buhnen nicht befestigt ist.
Die Buhnen haben i. a. eine Kopfneigung von 1:5 zwischen MW und etwa MNW, davor können sich aber noch etwa 1:10 geneigte Kopfschwellen befinden. Aus diesen Gründen immer ausreichenden Abstand (etwa 15–20 m) von den Buhnen halten.
Die meist mit Pflaster oder Schüttsteinen befestigten Deckwerke haben von MW bis etwa MNW eine Neigung von 1:3, darunter von 1:5. Man sollte ihnen also auch nicht näher als auf etwa 10 m kommen.
Strömungsgeschwindigkeiten: zwischen etwa 0,7 m/s bei NW und 1,5 m/s bei HW
Geringste Brückendurchfahrtshöhe: 5,6 m bei HSW
Abzweigende und einmündende Wasserstraßen:

a) km 333,6 l	Mündung des Abstiegskanals Rothensee (zum MLK)
b) km 343,5 r	Einfahrt Niegripper Schleusenkanal (zum EHK)
c) km 371,5 r	Einfahrt Pareyer Verbindungskanal
d) km 422,8 r	Einfahrt Havelberger Schleusenkanal (zur UHW)
e) km 438,0 r	Mündung des Gnevsdorfer Vorfluters

Befahrungshinweise
Zulässige Höchstgeschwindigkeit: 40 km/h
Tankmöglichkeit: bei km 333,6 Bunkerboot Elbe im Hafen Trennungsdamm, Hafenbekken 2 in Magdeburg, Zufahrt über den Abstiegskanal Rothensee, nur Diesel; geöffnet: Mo–Fr 06.00–18.00 Uhr

Elbe

Anschluß S. 37

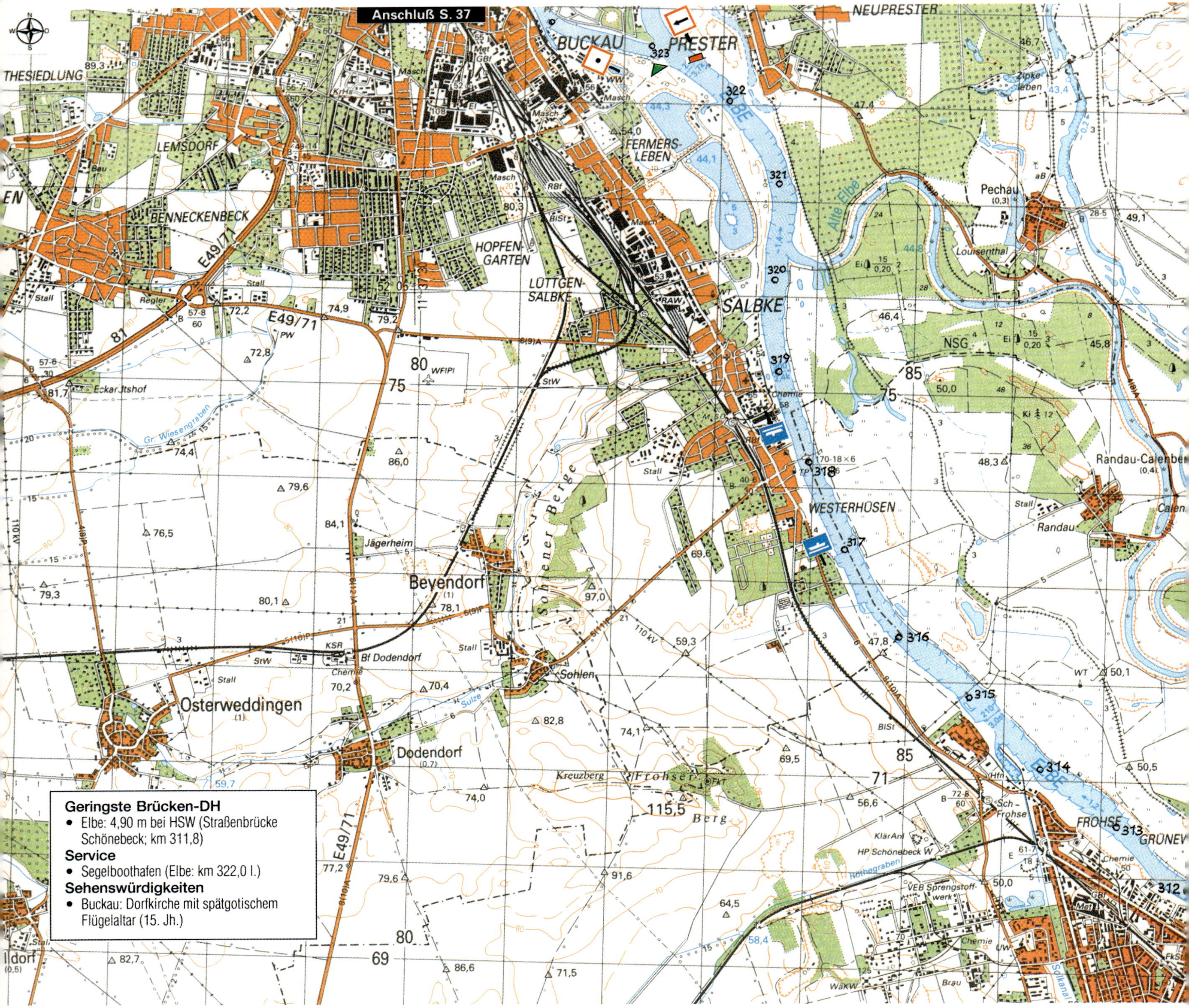

Geringste Brücken-DH

- Elbe: 4,90 m bei HSW (Straßenbrücke Schönebeck; km 311,8)

Service

- Segelboothafen (Elbe: km 322,0 l.)

Sehenswürdigkeiten

- Buckau: Dorfkirche mit spätgotischem Flügelaltar (15. Jh.)

Geringste Brücken-DH

- Elbe: 2,60 m bei HSW in geschlossenem Zustand, gehoben 5,30 m (Hubbrücke; km 325,5)

Service

- Tankboot Elbe, Magdeburg-Trennungsdamm, Hafenbecken 2 (auch für Sportschiffahrt nutzbar)

Sehenswürdigkeiten

- Magdeburg: reich ausgestatteter Dom (1209–1520); Kloster „Unser Lieben Frauen“ (11./12. Jh.); Rathaus (17. Jh.); Kulturhistorisches Museum; Schleppdampfer „Württemberg“ als technisches Denkmal (mit Gaststätte) u. a. m.

Besondere Hinweise

- Fahrwasserenge (Elbe: km 324,5-327,2): bei Wasserständen unter 400 cm am Pegel Magdeburg-Strombrücke; Verkehrsregelung durch Lichtsignale (festes rotes oder grünes Licht)
- Begegnungsverbote: ab km 328,7 bei Wasserständen unter 260 cm am Pegel Magdeburg-Strombrücke, gleichzeitig Fahrt durch das Unter-Joch in beiden Richtungen; ab km 333,0 bei Wasserständen unter 160 cm am Pegel Magdeburg-Strombrücke

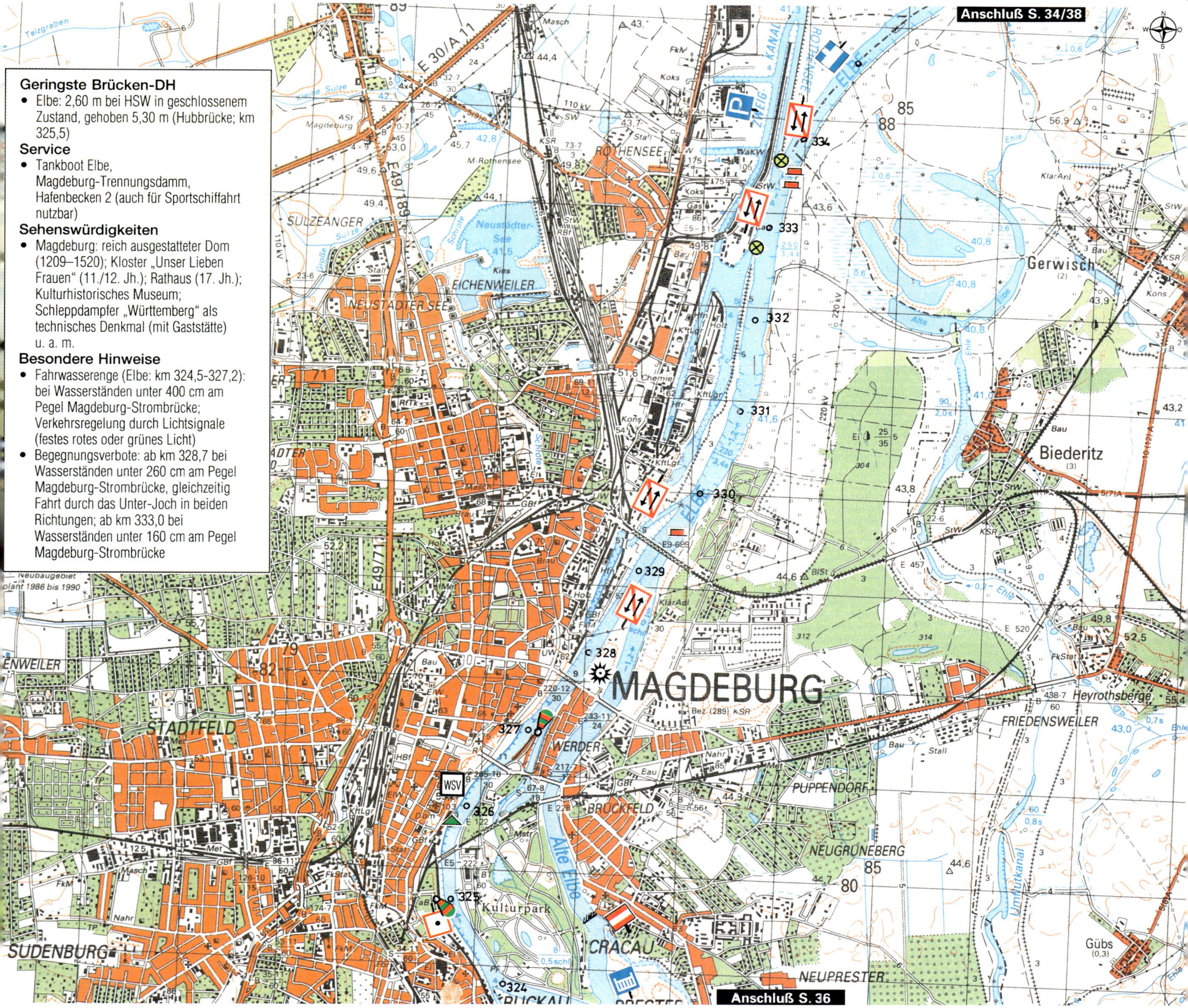

Elbe km 333,0–345,0 und EHK km 326,0–330,0

Anschluß S. 39
Anschluß S. 33

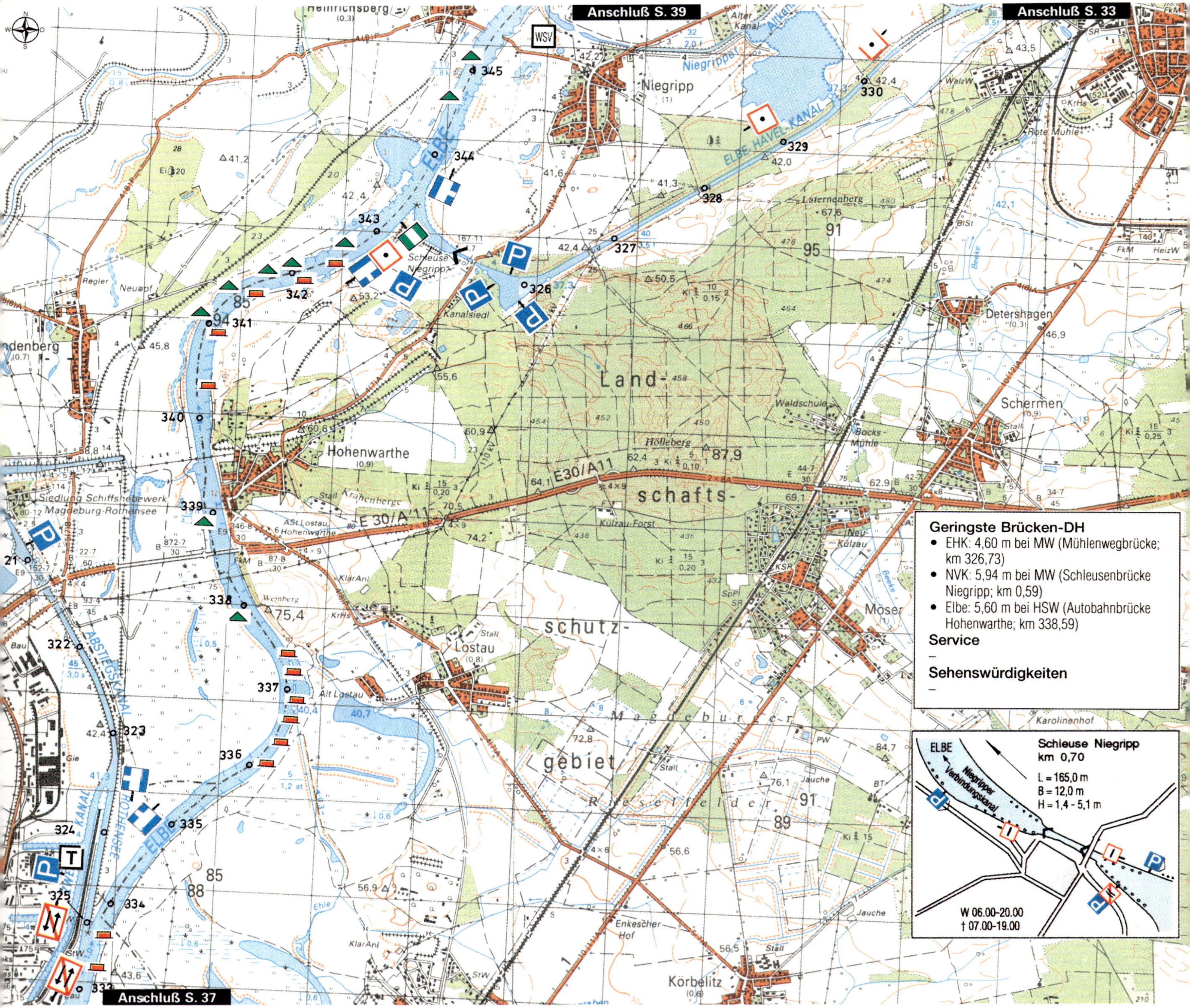

Geringste Brücken-DH

- EHK: 4,60 m bei MW (Mühlenwegbrücke; km 326,73)
- NVK: 5,94 m bei MW (Schleusenbrücke Niegripp; km 0,59)
- Elbe: 5,60 m bei HSW (Autobahnbrücke Hohenwarthe; km 338,59)

Service

–

Sehenswürdigkeiten

–

Anschluß S. 37

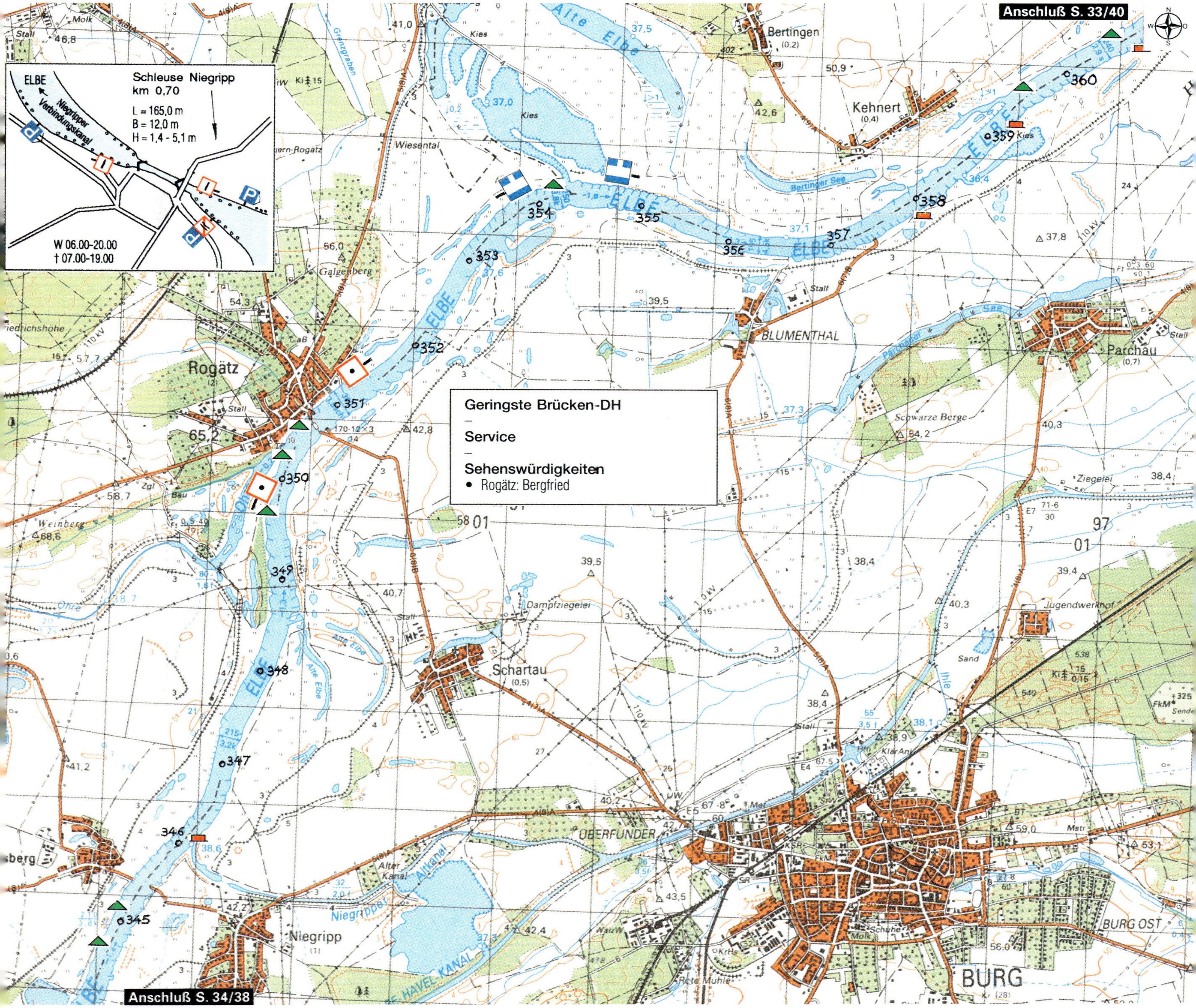
Anschluß S. 33/40
Schleuse Niegripp
km 0,70
L = 165,0 m
B = 12,0 m
H = 1,4 - 5,1 m
ELBE
Niegripper Verbindungskanal
W 06.00-20.00
† 07.00-19.00
Geringste Brücken-DH
–
Service
–
Sehenswürdigkeiten
• Rogätz: Bergfried
Alte Elbe
Bertingen
Kehnert
Bertinger See
BLUMENTHAL
Parchau
Parchauer See
Schwarze Berge
Rogätz
Galgenberg
Wiesental
Ohre
Weinberg
Dampfziegelei
Schartau
Ziegelei
Jugendwerkhof
Ihle
ÜBERFUNDER
Niegripp
Alter Kanal
Altkanal
ELBE-HAVEL-KANAL
BURG
BURG OST
Rote Mühle
Anschluß S. 34/38

Elbe km 359,0–374,0 EHK km 345,0–353,0 sowie PVK

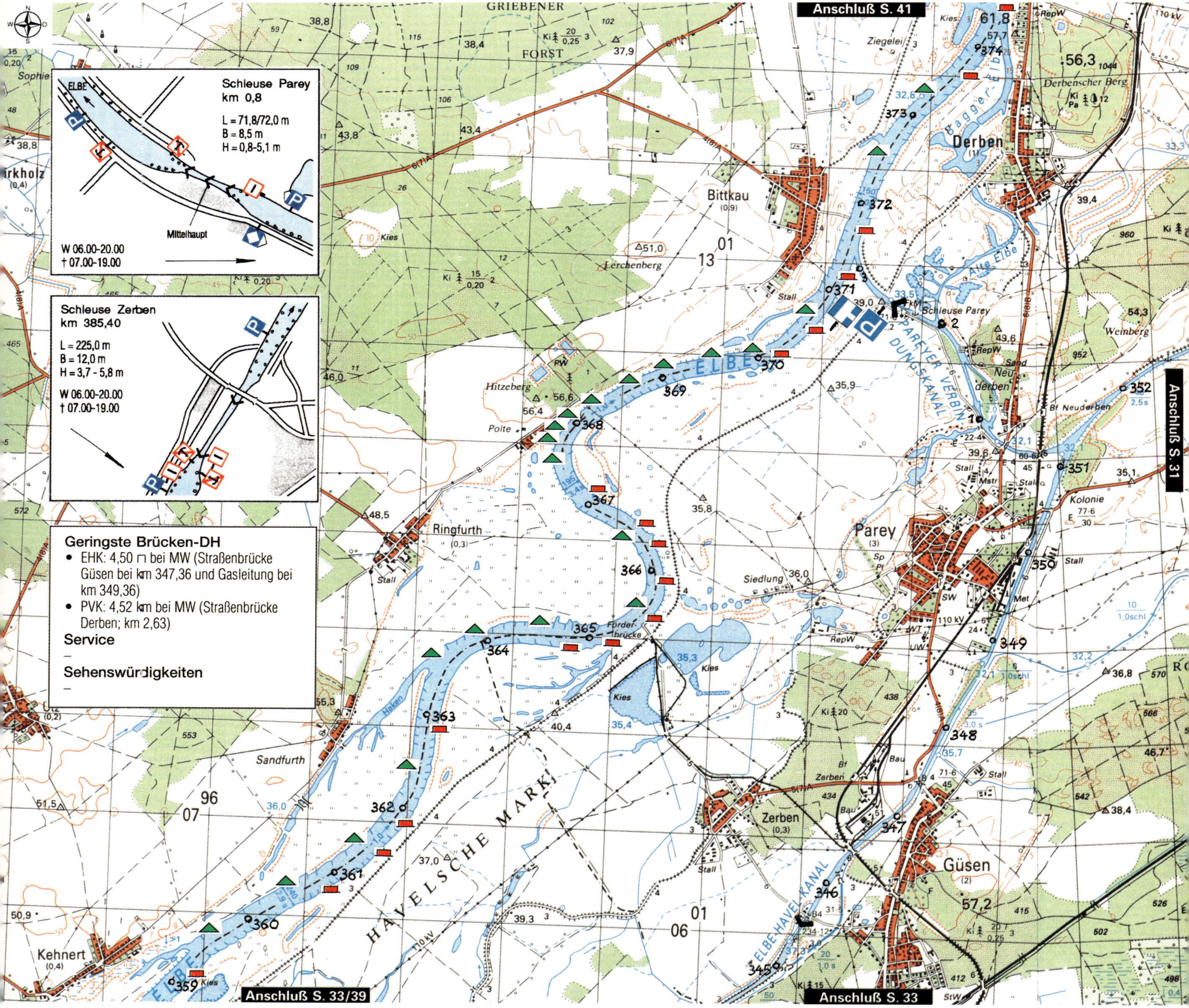

Geringste Brücken-DH

- EHK: 4,50 ⊓ bei MW (Straßenbrücke Güsen bei km 347,36 und Gasleitung bei km 349,36)
- PVK: 4,52 km bei MW (Straßenbrücke Derben; km 2,63)

Service

–

Sehenswürdigkeiten

–

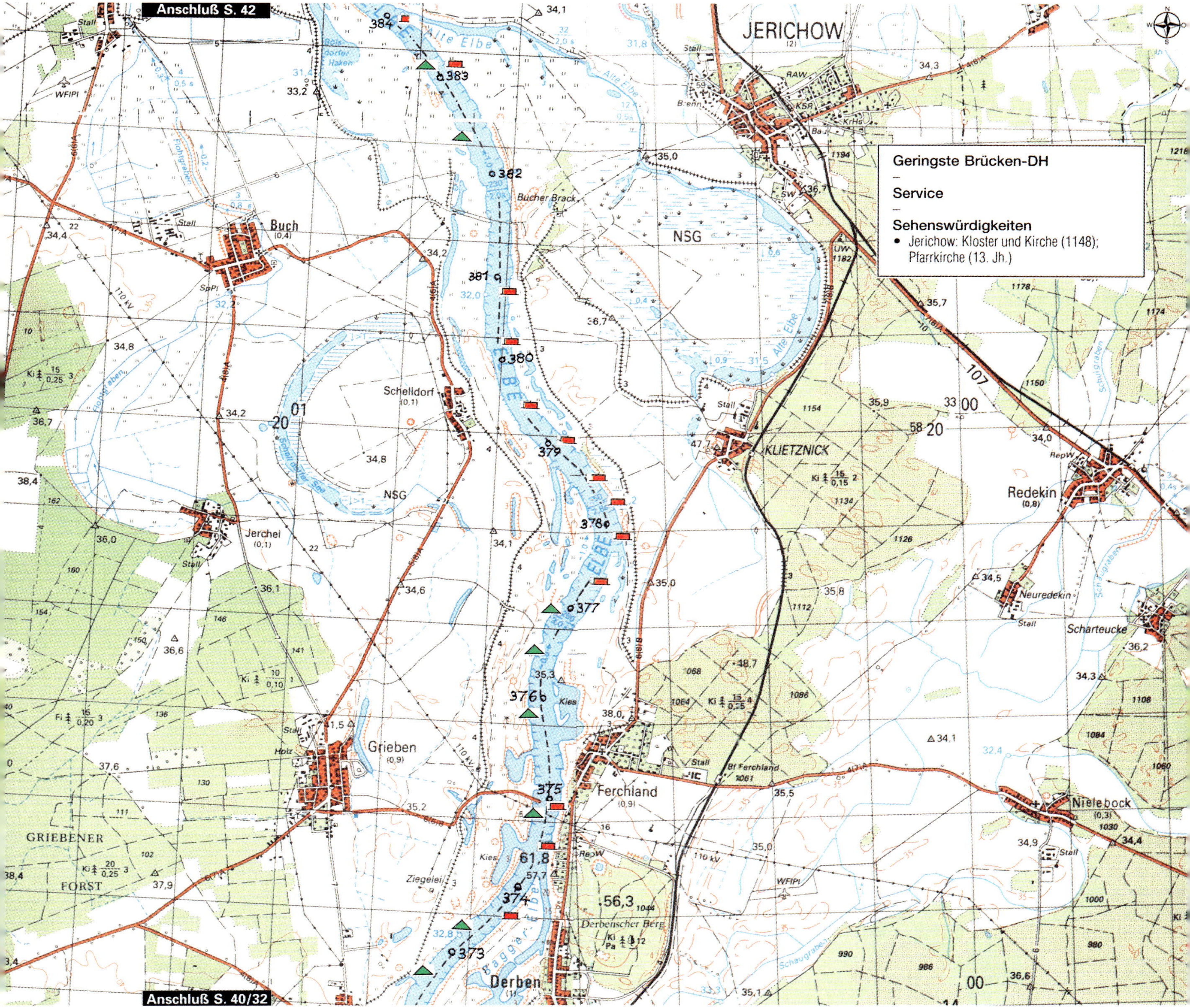
Anschluß S. 42
Geringste Brücken-DH
–
Service
–
Sehenswürdigkeiten
• Jerichow: Kloster und Kirche (1148); Pfarrkirche (13. Jh.)
JERICHOW
Alte Elbe
Bölsdorfer Haken
Buch
Bucher Brack
NSG
Schelldorf
Jerchel
KLIETZNICK
Redekin
Neuredekin
Scharteucke
Grieben
Ferchland
Bf Ferchland
Nielebock
GRIEBENER FORST
Derbenscher Berg
Derben
Ziegelei
Kies
384
383
382
381
380
379
378
377
376
375
374
373
Anschluß S. 40/32

Anschluß S. 43

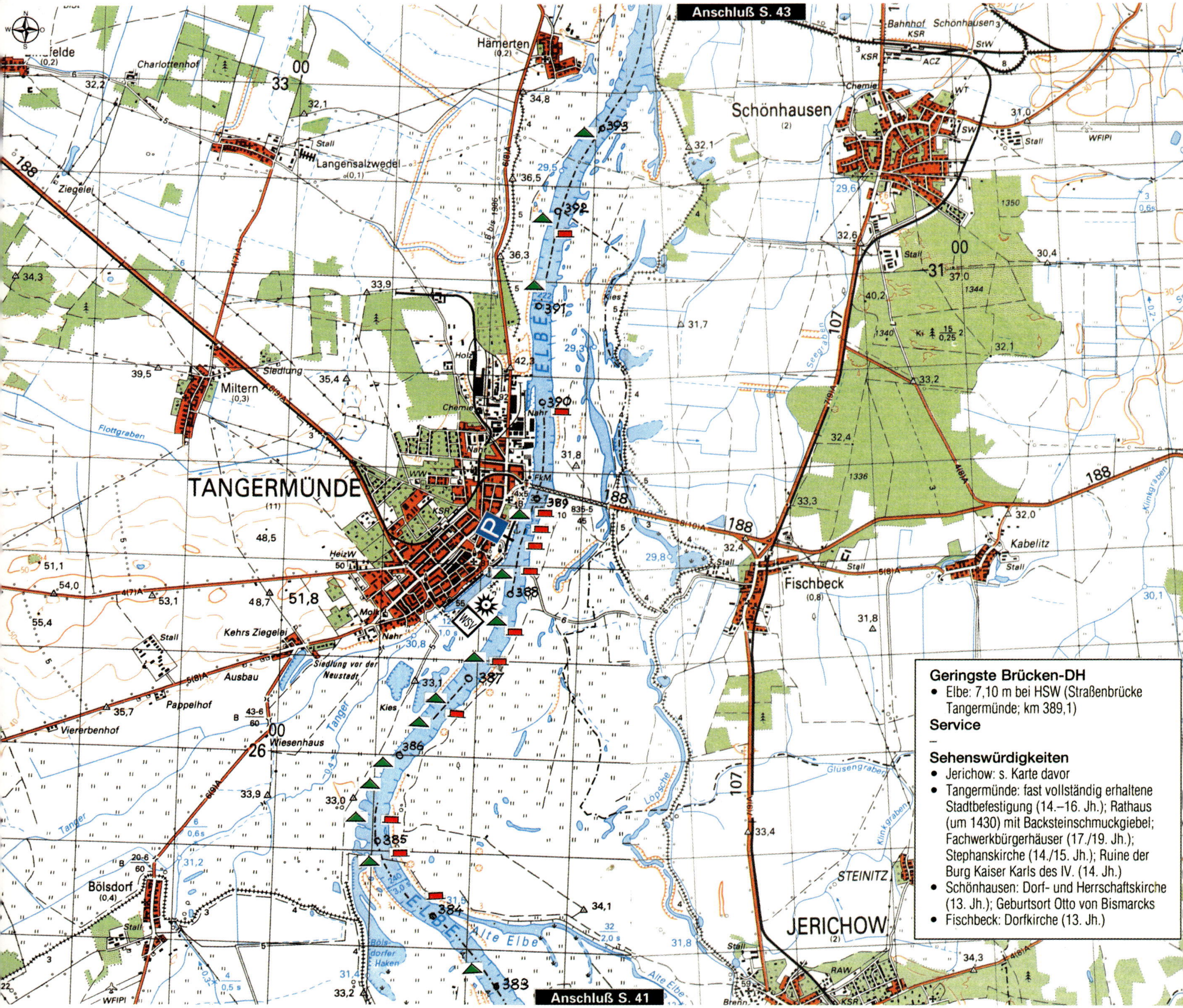

Anschluß S. 41

Geringste Brücken-DH

- Elbe: 7,10 m bei HSW (Straßenbrücke Tangermünde; km 389,1)

Service

–

Sehenswürdigkeiten

- Jerichow: s. Karte davor
- Tangermünde: fast vollständig erhaltene Stadtbefestigung (14.–16. Jh.); Rathaus (um 1430) mit Backsteinschmuckgiebel; Fachwerkbürgerhäuser (17./19. Jh.); Stephanskirche (14./15. Jh.); Ruine der Burg Kaiser Karls des IV. (14. Jh.)
- Schönhausen: Dorf- und Herrschaftskirche (13. Jh.); Geburtsort Otto von Bismarcks
- Fischbeck: Dorfkirche (13. Jh.)

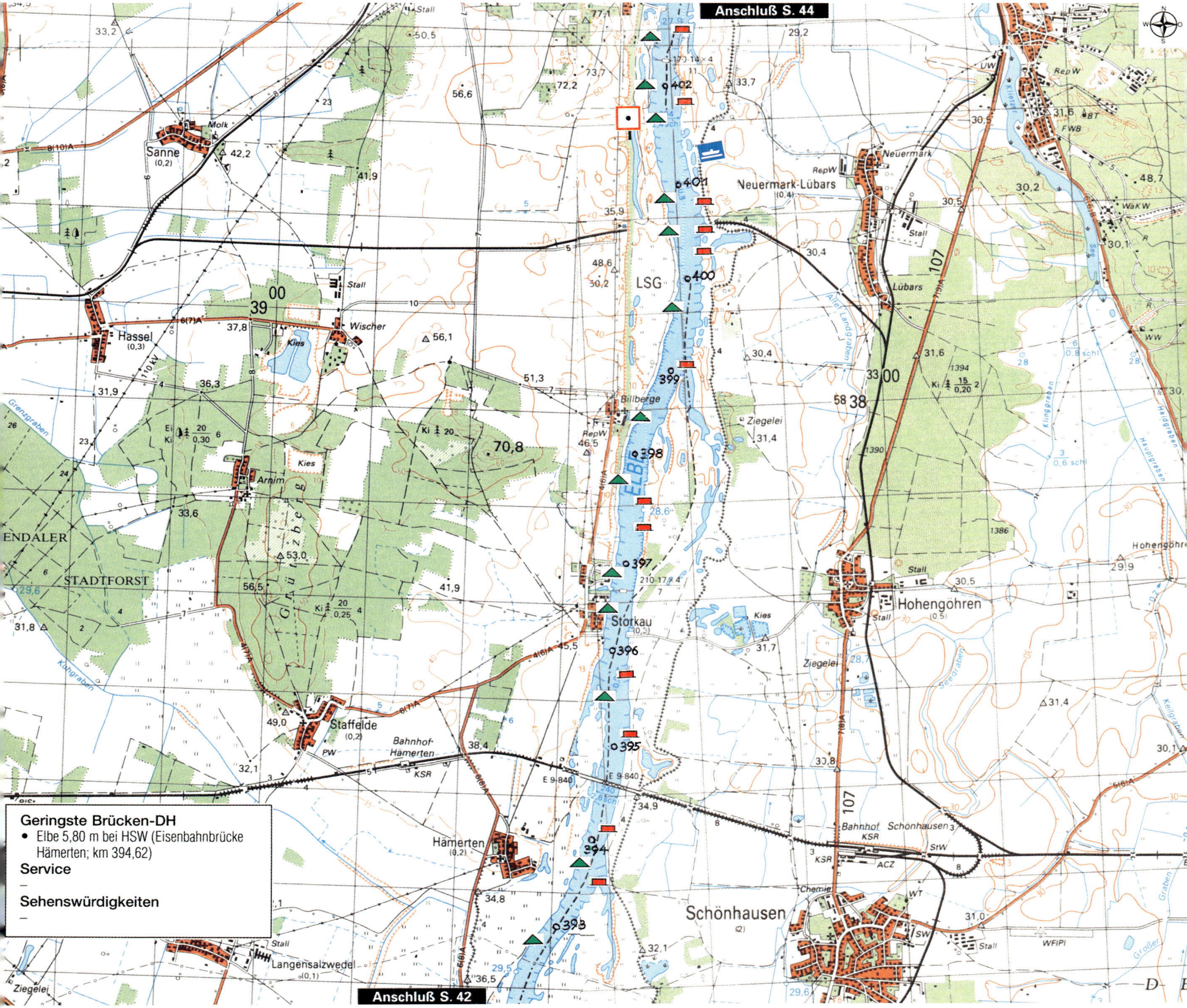

Geringste Brücken-DH
- Elbe 5,80 m bei HSW (Eisenbahnbrücke Hämerten; km 394,62)

Service

–

Sehenswürdigkeiten

–

Anschluß S. 45

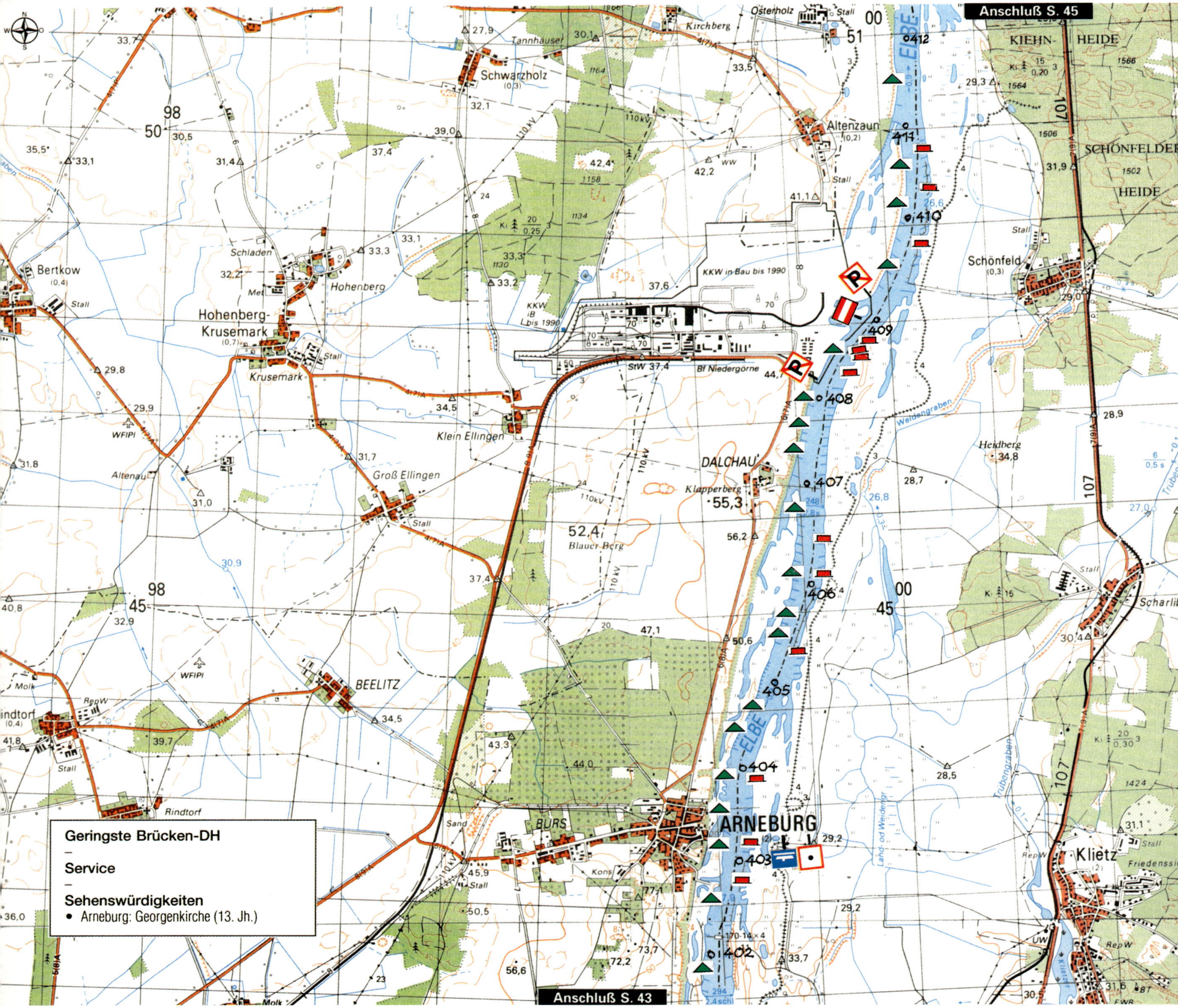

Anschluß S. 43

Geringste Brücken-DH
–
Service
–
Sehenswürdigkeiten
- Arneburg: Georgenkirche (13. Jh.)

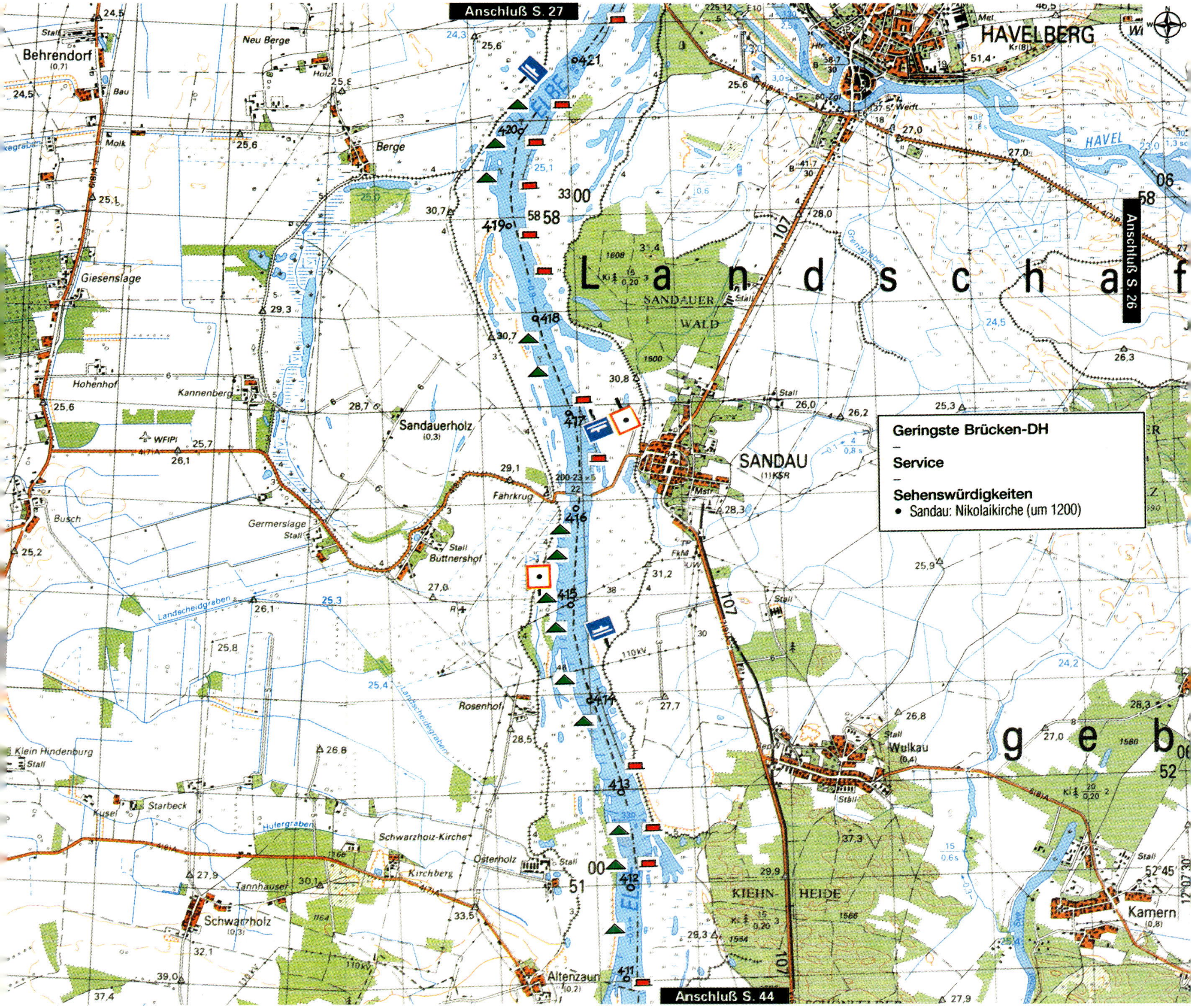
Anschluß S. 27
Anschluß S. 26
Anschluß S. 44
HAVELBERG
HAVEL
ELBE
Behrendorf
Neu Berge
Berge
Molk
Giesenslage
Hohenhof
Kannenberg
Sandauerholz
WFlPl
Fährkrug
Germerslage
Buttnershof
Busch
Landscheidgraben
Rosenhof
Klein Hindenburg
Starbeck
Kusel
Hufergraben
Schwarzholz-Kirche
Osterholz
Kirchberg
Tannhauser
Schwarzholz
Altenzaun
Landschaf
SANDAUER WALD
SANDAU
Grenzgraben
Wulkau
Kamern
KIEHN- HEIDE
g e b
Geringste Brücken-DH
–
Service
–
Sehenswürdigkeiten
• Sandau: Nikolaikirche (um 1200)

Havelkanal (HvK)/Havel-Oder-Wasserstraße (HOW)

Der Havelkanal stellt die kürzeste Verbindung zwischen der Oberen Havel (Havel-Oder-Wasserstraße) und der Unteren Havel (Untere Havel-Wasserstraße) dar. Nach nur 1 1/2jähriger Bauzeit wurde er am 28. Juni 1952 in Betrieb genommen.

Wasserstraßendaten
Streckenlänge: 34,9 km
Staustufe: Schönwalde (km 8,75)
Höhenunterschied zwischen HOW und UHW: 1,85 m bei MW
Wasserspiegelbreiten: mind. 33,5 m
Wassertiefen: mind. 3,0 m bei MNW
Wasserstraßenprofil: Muldenprofil mit 1:3 geneigter, steinbefestigter Uferböschung
Strömungsgeschwindigkeiten: praktisch keine Strömung
Geringste Brückendurchfahrtshöhen: 4,70 m bei MW (Straßenbrücke Schönwalde)

Befahrungshinweise
Schleusenöffnungszeiten: Werktage 06.00–20.00 Uhr, Sonn- und Feiertage 07.00–19.00 Uhr
Zulässige Höchstgeschwindigkeit: 9,0 km/h
Tankmöglichkeiten: km 6,5 l Straßentankstelle bei Schönwalde in ca. 100 m Entfernung

Streckeninformationen

Die Havel-Oder-Wasserstraße ist die kürzeste Verbindung zwischen Berlin und der Oder und gleichzeitig auch der Ostsee (über Stettin und das Stettiner Haff). Sie wurde als Bestandteil des Großschiffahrtsweges Berlin–Stettin nach etwa achtjähriger Bauzeit im Jahre 1914 eingeweiht.
Vorläufer der HOW war die Alte Havel-Oder-Wasserstraße, die von Spandau aus über die Havel, den Oranienburger sowie den Malzer und den Finowkanal zur Oder verlief. Nach den neuesten amtlichen Verlautbarungen werden auch Hohensaaten-Friedrichsthaler Wasserstraße und Westoder zur durchgehenden Havel-Oder-Wasserstraße gerechnet.
Die Kilometrierung erfolgt in Richtung Stettin, linkes und rechtes Ufer in Richtung von Hohensaaten nach Berlin und von Hohensaaten in Richtung Stettin.

Wasserstraßendaten
Streckenlänge: 149,41 km
Markante Streckenunterteilungen:
- km 0,0 – 3,7 Spandauer Havel
- km 3,7 – 10,45 Havel
- km 10,45– 92,40 Oder-Havel-Kanal
- km 92,40–135,31 Hohensaaten–Friedrichsthaler Wasserstraße
- km 135,31–149,41 Westoder (km 3,0–17,1 der Westoder)

Staustufen:
- Spandau (km 0,6)
- Lehnitz (km 28,6)
- Niederfinow (km 77,9)
- Hohensaaten-Westschleuse (km 92,8)

Höhenunterschiede:
- zwischen Spreemündung und Niederfinow (OW): 7,6 bei MW
- zwischen Niederfinow (OW) und Gartz: 37,0 bei MW

Wasserspiegelbreiten: mind. 34,0 m in den Kanalstrecken
Wassertiefen: mind. 3,0 m; zugelassene Tauchtiefe für Motorgüterschiffe bei 8,25 m Breite in der Scheitelhaltung des Oder-Havel-Kanal 1,85 m, sonst 2,00 m
Wasserstraßenprofil: Überwiegend Muldenprofil mit 1:3 geneigter steinbefestigter Uferböschung
Strömungsgeschwindigkeiten: Auf dem größten Teil der Strecke praktisch Null, nur in Fließbereichen der Havel und Westoder kann es bei HW zu Strömungsgeschwindigkeiten um 1,0 m/s kommen.
Geringste Brückendurchfahrtshöhen: 4,2 m an der Lichterfelder Straßenbrücke bei MW
Abzweigende und einmündende Wasserstraßen:

a)	km 3,50 l	Abzweig des Berlin-Spandauer Schiffahrtskanals
b)	km 3,50 l	Mündung des Tegeler Sees
c)	km 15,21 r	Mündung des Veltener Stichkanals
d)	km 20,80 r	Mündung des Oranienburger Kanals
e)	km 24,95 r	Mündung der Oranienburger Havel
f)	km 32,38 r	Abzweig des Malzer Kanals
g)	km 40,50 r	Mündung der Oberen Havel-Wasserstraße (Malzer Kanal), s. Bd. „Mecklenburg-Vorpommern“

Alle weiteren Wasserstraßen im Bd. „Zwischen Oder und Spreemündung“.

Befahrungshinweise

Schleusenöffnungszeiten:

- Schleuse Spandau gesperrt
- Schleuse Lehnitz II täglich 06.00–21.00 Uhr
- Schleuse Lehnitz I gesperrt

Zulässige Höchstgeschwindigkeiten: 9 km/h, außer auf Seen und seenartigen Verbreiterungen, dort 25 km/h bzw. 7 km/h in Ufernähe
Befahrungsverbote: Es ist verboten, auf der Havel-Oder-Wasserstraße von km 0,58 (Schleuse Spandau) bis km 10,4 (Abzweig Havelkanal) einschließlich Tegeler See und Nieder-Neuendorfer See

- während der Zeit von 22.00 bis 05.00 Uhr,
- in den Monaten Mai bis September an Sonnabenden, Sonntagen und gesetzlichen Feiertagen während der Zeit von 12.00 bis 15.00 Uhr

ein Sportfahrzeug mit Verbrennungsmotor in Betrieb zu setzen oder zu fahren (Fahrverbot).
Tankmöglichkeiten:
km 4,2 l Wassertankstelle bei Tegelort, kurz oberhalb der Mündung des Tegeler Sees; Diesel und Superbenzin
Sonst nur eine weiter entfernte Straßentankstelle in Oranienburg vorhanden. Nächste Wassertankstelle in Hohensaaten (s. Bd. „Zwischen Oder und Spreemündung“).

Nebenwasserstraßen der HOW

Berlin-Spandauer Schiffahrtskanal (BSK)

Der BSK ist als einzige der nun folgenden Wasserstraßen eine eigenständige Hauptwasserstraße, wird aber der Übersichtlichkeit halber unter dem Kapitel HOW mitbeschrieben. Der bei km 3,5 l aus der HOW abzweigende und bei km 14,5 von r in die Spree-Oder-Wasserstraße (SOW) mündende BSK ging im Jahre 1859 in Betrieb. Der nördliche Teil von Plötzensee bis zum Abzweig aus der HOW wurde 1914 in den Großschiffahrtsweg Berlin–Stettin integriert. Er bildet gleichzeitig die nördliche Zufahrt zum Berliner Westhafen. Am südlichen Ende der Wasserstraße befindet sich der historische Humboldthafen. Kilometrierung von Nord nach Süd, rechtes und linkes Ufer in Richtung HOW.

Wasserstraßendaten

Streckenlänge: 12,2 km
Staustufe: Plötzensee (km 7,45)
Wasserspiegelbreiten: wechselnd zwischen etwa 25–30 m (Nähe Humboldthafen) und 50–55 m (oberhalb Plötzensee)
Wassertiefen: mind. 3,0 m bei MW
Strömungsgeschwindigkeiten: praktisch Null
Geringste Brückendurchfahrtshöhe: 3,9 m bei MW
Abzweigende und einmündende Wasserstraßen:

km 1,20 l Abzweig Alte Fahrt
km 3,00 l Mündung Alte Fahrt

Die Alte Fahrt gehört dem Land Berlin und war Bestandteil des alten Berlin-Spandauer Schiffahrtskanals; durchgehend befahrbar.

km 8,35 l Abzweig Westhafenkanal (WHK): Der 1956 in Betrieb gegangene Westhafenkanal ist die direkte Verbindung zwischen dem Westhafen und der SOW in Höhe des Oberwassers der Schleuse Charlottenburg.
Streckenlänge: 3,05 km; Kilometrierung von der SOW zum BSK, rechtes und linkes Ufer in Richtung zur SOW gesehen; Wasserspiegelbreite: 50–55 m; Wassertiefe: 3,50 m bei MW.
Der WHK benutzt in seinem oberen Teil die Trasse des alten Charlottenburger Verbindungskanals (CVK). Der noch erhaltene Teil des CVK zweigt bei km 0,95 aus dem WHK ab und mündet gegenüber dem Landwehrkanal (LWK) bei km 9,06 in die SOW.
Streckenlänge: 1,65 km, Kilometrierung von der SOW in

Richtung WHK, rechtes und linkes Ufer in Richtung zur SOW gesehen. Wasserspiegelbreite: ca. 40 m, Wassertiefe bei MW etwa 2,25 m.
WHK und CVK sind praktisch strömungslos.

Befahrungshinweise
Schleusenöffnungszeiten: Schleuse Plötzensee täglich 06.00–20.00 Uhr
Zulässige Höchstgeschwindigkeiten: auf BSK, WHK und CVK 9 km/h
Keine Bootstankstellen!

Tegeler See
Die bei km 3,50 von l in die HOW einmündende Wasserstraße des Tegeler Sees ist bis zum Hafen Tegel 4,10 km lang. Geringste Wassertiefen in der Zufahrt etwa 2,40 m bei Sommerstau in Spandau. Ansonsten wesentlich tiefer. Befahrungshinweise für den etwa 1 200 m breiten See s. u. HOW

Veltener Stichkanal (VSK)
Bei km 15,21 r aus der HOW abzweigend. 3,15 km lang und direkt zum Hafen der Stadt Velten führend. Wasserspiegelbreite: 25 m. Wassertiefe: 2,50 m bei NoSt. Keine Strömung. Brückendurchfahrtshöhe: mind. 3,80 m bei NoSt.

Oranienburger Kanal (OrK)
Bei km 20,80 r aus der HOW abzweigend. Der OrK war Bestandteil der Alten HOW, die heute durch die im Zweiten Weltkrieg zerstörte Schleuse Sachsenhausen unterbrochen ist. Die oberhalb dieser Schleuse liegende Friedrichsthaler Havel und der Teil des Malzer Kanals (MzK) bis zur Schleuse Malz sind nur noch für kleinere Sportboote befahrbar.
Der OrK bildet die direkte Zufahrt zu den Ruppiner Gewässern. Die Kilometrierung folgt der in Spandau beginnenden Kilometrierung der Alten HOW, rechtes und linkes Ufer in Richtung Stettin.

Wasserstraßendaten
Streckenlänge: 9,2 km (km 20,8–30,0)
Staustufen: Pinnow (km 22,6), Sachsenhausen (km 29,75)
Höhenunterschied: Hubhöhe an der Schleuse Pinnow ca. 2,65 m, Fallhöhe an der zerstörten Schleuse Sachsenhausen ca. 0,80 m
Wasserspiegelbreite: ca. 20 m
Wassertiefe: 1,6 m bei NoSt
Wasserstraßenprofil: überwiegend Muldenprofil mit 1:3 geneigter steinbefestigter Uferböschung
Strömungsgeschwindigkit: unerheblich, bis max. 0,2 m/s
Geringste Brückendurchfahrtshöhe: etwa 3,1 m bei NoSt.
Einmündende Wasserstraße: km 28,75 l Ruppiner Gewässer

Befahrungshinweise
Schleusenöffnungszeiten: Schleuse Pinnow täglich 07.00–17.00 Uhr (vom 01. 04.–31. 10.), täglich 08.00–16.00 Uhr (vom 01. 11.–31. 03.)
Zulässige Höchstgeschwindigkeit: 9 km/h
Keine Bootstankstelle!

Oranienburger Havel (OrH)
Die OrH zweigte bei km 28,75 aus der Alten HOW ab und mündete bei km 24,95 von r in die HOW. Die obere Verbindung ist durch die zugeschüttete Schleuse Friedenthal unterbrochen, so daß von der einst 4 km langen Wasserstraße heute nur noch 2,82 km dem öffentlichen Verkehr dienen.
Auf der OrH ist es möglich, direkt ins Stadtzentrum von Oranienburg zu fahren.
Wasserspiegelbreiten: 25 m
Wassertiefen: 2,1 m bei SoSt
Geringste Brückendurchfahrtshöhen: 4,3 m bei SoSt
Höchstgeschwindigkeit: 9 km/h
Tankmöglichkeit: Straßentankstelle in Oranienburg.

Malzer Kanal (MzK)
Der bei km 32,38 der HOW nach r abzweigende MzK ist für größere Sportboote nur noch auf 400 m Länge bis zur Schleuse Malz befahrbar. Kurz vor der Schleuse Malz befindet sich an Backbord die Werft Malz.

Obere Havel-Wasserstraße (OHW)
Die bei km 40,50 von r in die HOW mündende OHW ist im Bd. „Mecklenburg-Vorpommern“ beschrieben.

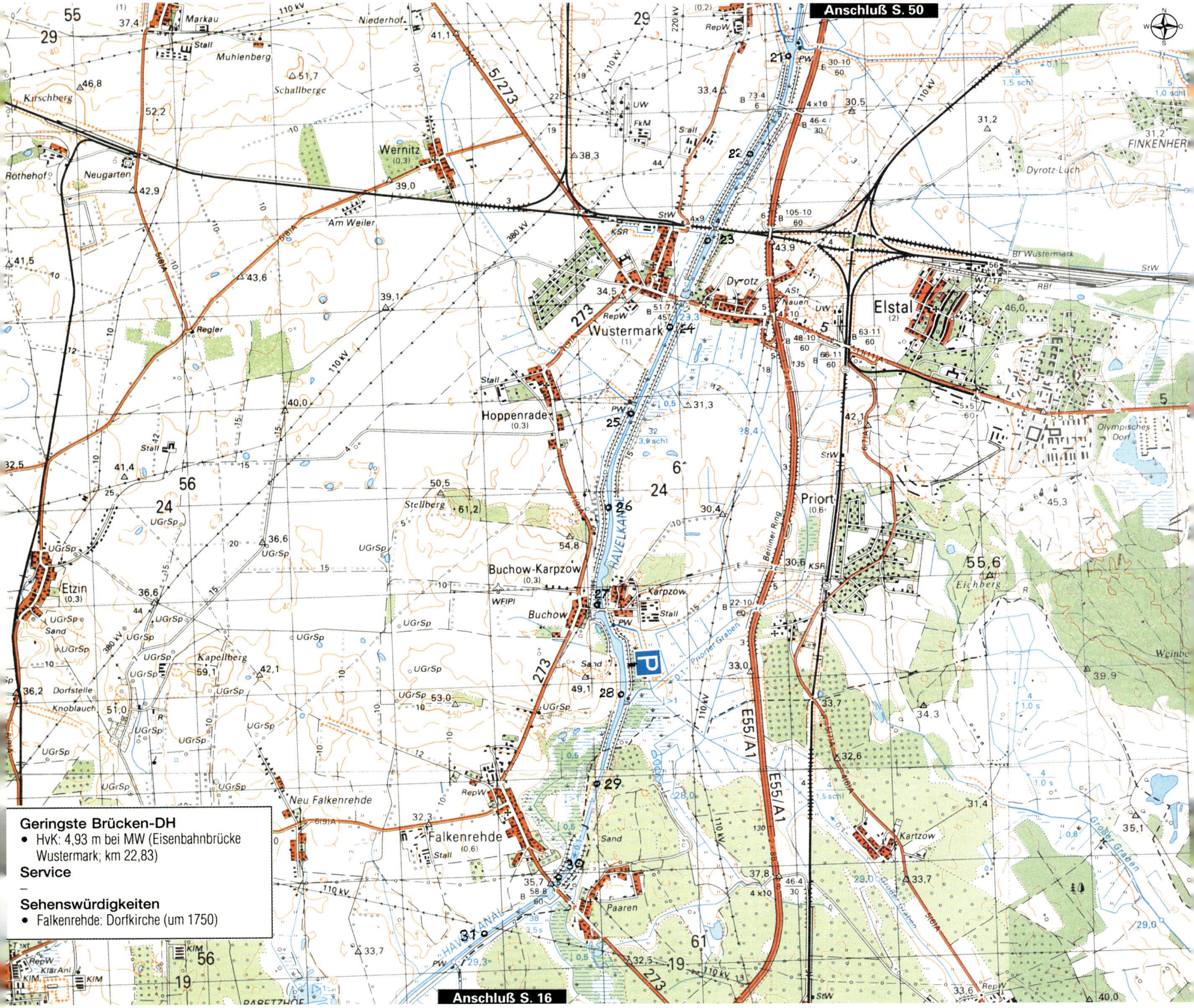

Geringste Brücken-DH

- HvK: 4,93 m bei MW (Eisenbahnbrücke Wustermark; km 22,83)

Service

–

Sehenswürdigkeiten

- Falkenrehde: Dorfkirche (um 1750)

Havelkanal

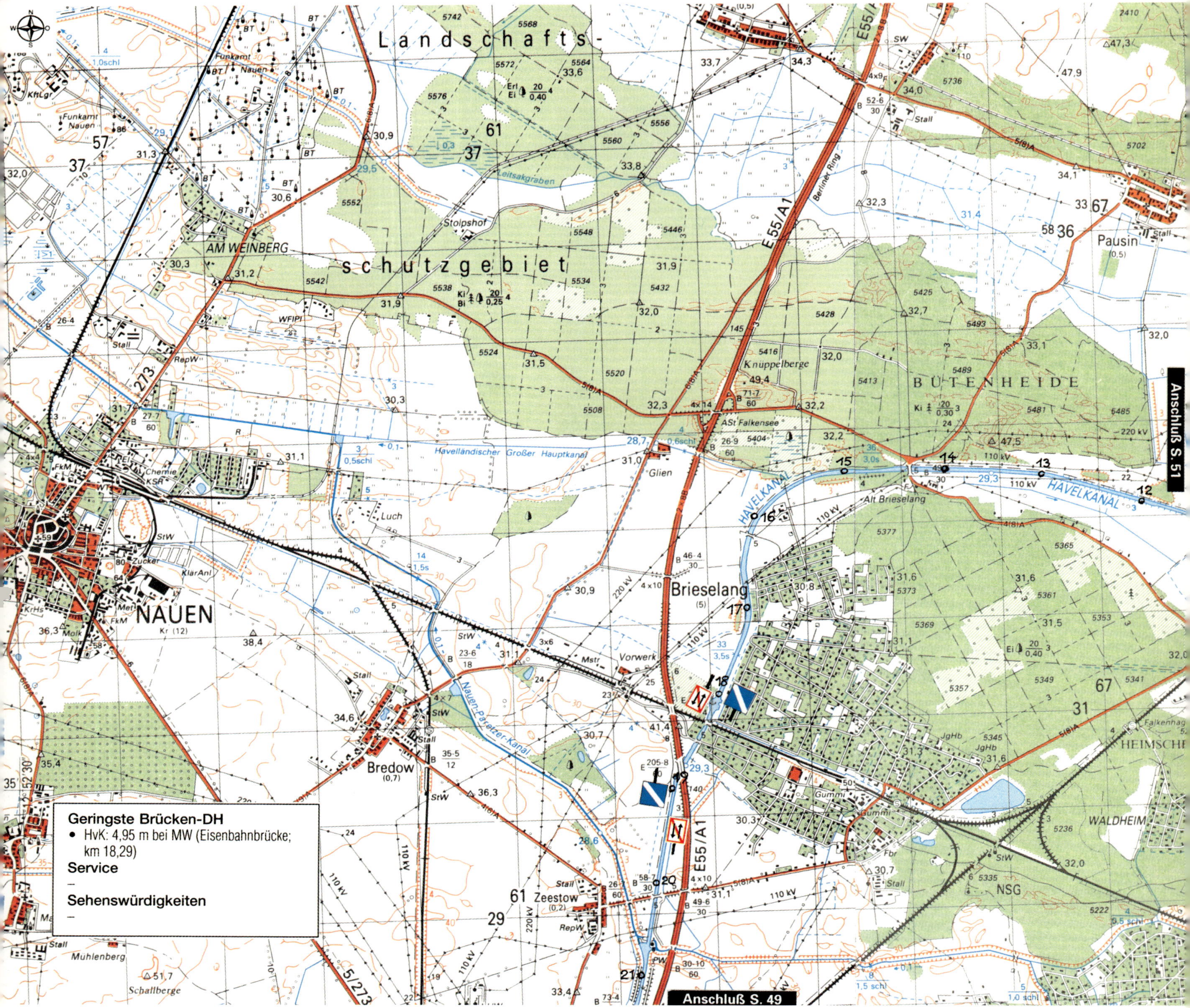

Geringste Brücken-DH

- HvK: 4,95 m bei MW (Eisenbahnbrücke; km 18,29)

Service

–

Sehenswürdigkeiten

–

Anschluß S. 51

Anschluß S. 49

Anschluß S. 53

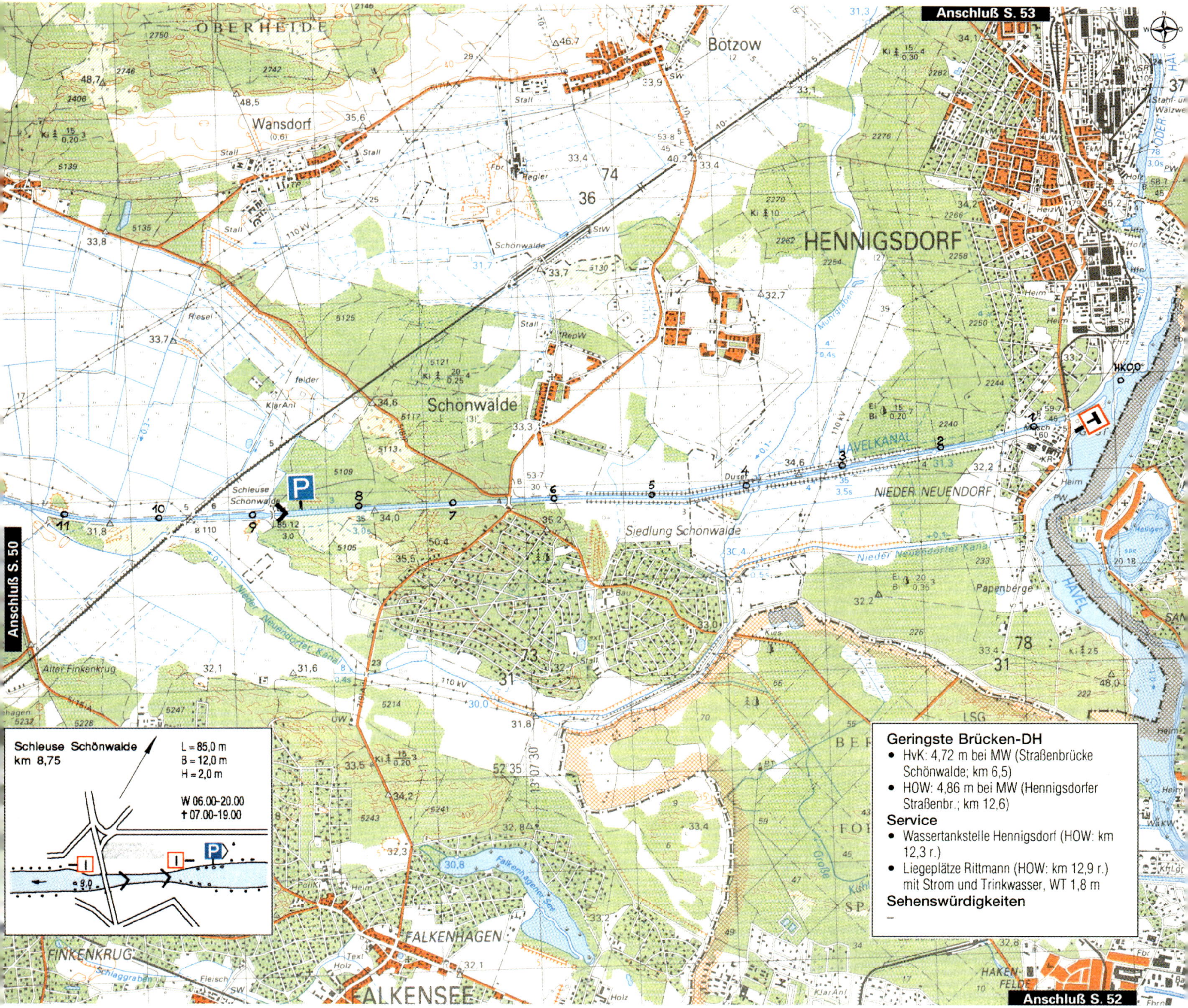

Anschluß S. 50

Anschluß S. 52

Geringste Brücken-DH

- HvK: 4,72 m bei MW (Straßenbrücke Schönwalde; km 6,5)
- HOW: 4,86 m bei MW (Hennigsdorfer Straßenbr.; km 12,6)

Service

- Wassertankstelle Hennigsdorf (HOW: km 12,3 r.)
- Liegeplätze Rittmann (HOW: km 12,9 r.) mit Strom und Trinkwasser, WT 1,8 m

Sehenswürdigkeiten

–

HOW km 2,0–13,0 mit Tegeler See und BSK km 0,0–6,5

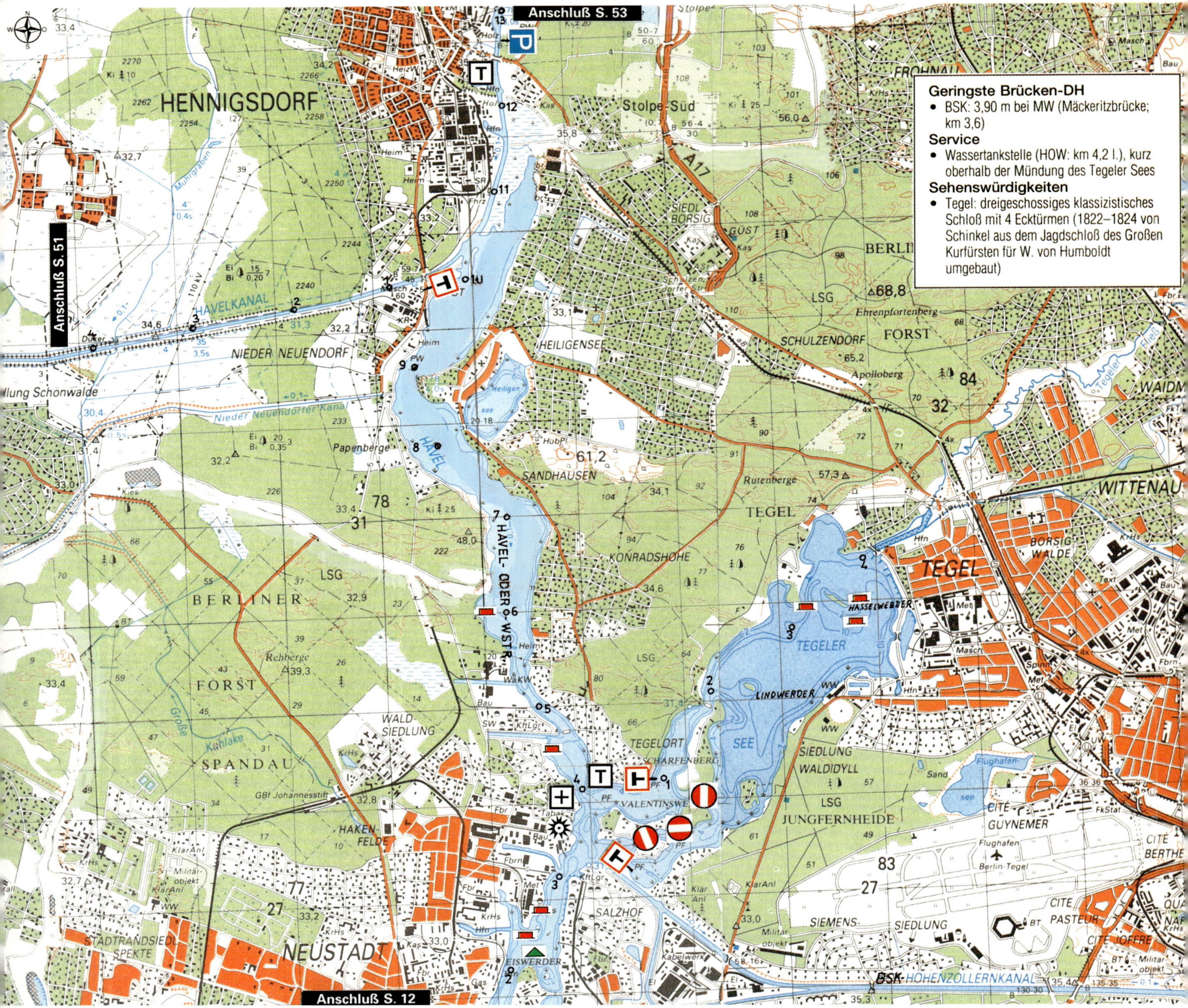

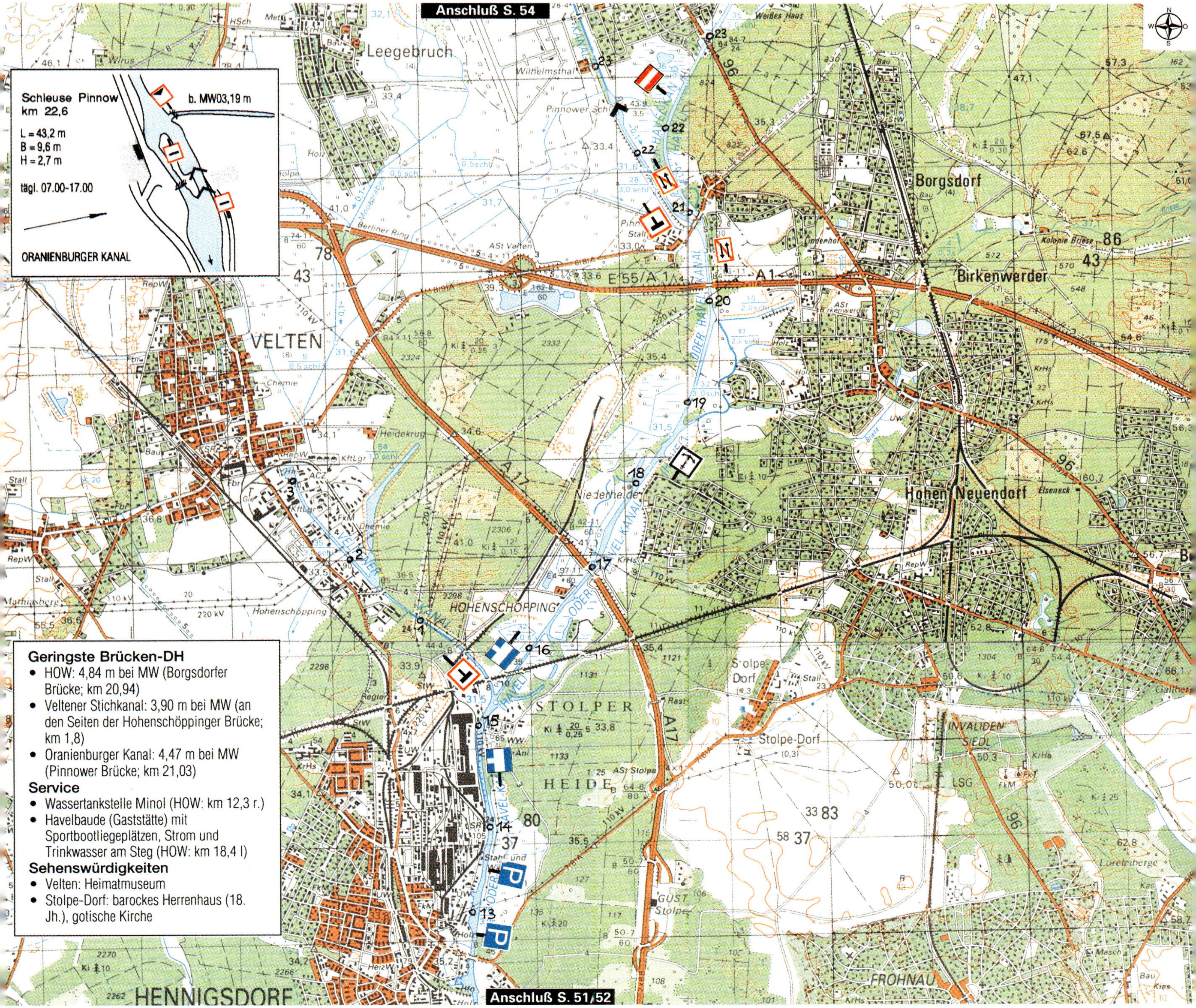

Geringste Brücken-DH

- HOW: 4,84 m bei MW (Borgsdorfer Brücke; km 20,94)
- Veltener Stichkanal: 3,90 m bei MW (an den Seiten der Hohenschöppinger Brücke; km 1,8)
- Oranienburger Kanal: 4,47 m bei MW (Pinnower Brücke; km 21,03)

Service

- Wassertankstelle Minol (HOW: km 12,3 r.)
- Havelbaude (Gaststätte) mit Sportbootliegeplätzen, Strom und Trinkwasser am Steg (HOW: km 18,4 l)

Sehenswürdigkeiten

- Velten: Heimatmuseum
- Stolpe-Dorf: barockes Herrenhaus (18. Jh.), gotische Kirche

HOW km 23,0–34,0 mit OrK km 23,0–28,75 und OrH

Anschluß S. 55

Geringste Brücken-DH
- HOW: 4,55 m bei MW (Klinkerhafenbrücke; km 29,63)
- Oranienburger Kanal: 3,19 m bei MW (Bärenklauer Brücke; km 25,69)
- Ruppiner Gewässer: 3,50 m bei MW (Kuhbrücke bei km 2,82 und Behrensbrücke bei km 5,12)
- Oranienburger Havel: 4,33 m bei MW (Ringbrücke; km 0,37)

Service

Gaststätte „Seeblick" mit Steg (HOW: km 27,7 l)

Sehenswürdigkeiten
- Oranienburg: Schloß von 1651 mit Lustgarten und Orangerie; Kreismuseum mit ständiger Ausstellung zur Binnenschiffahrt
- Sachsenhausen: Nationale Mahn- und Gedenkstätte mit Museum zur Geschichte des KZ

Anschluß S. 57

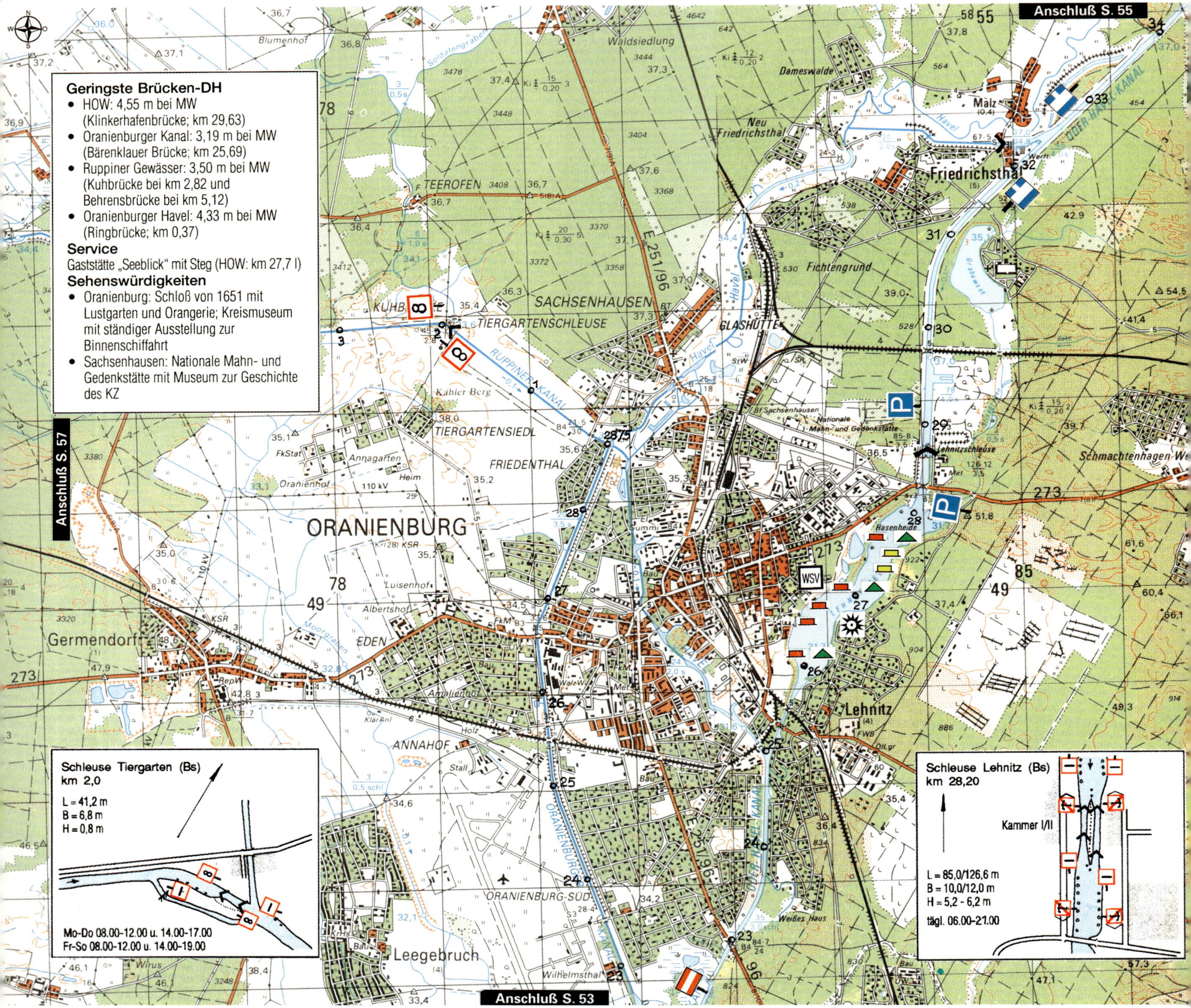

Anschluß S. 53

Geringste Brücken-DH
- HOW: 4,45 m bei MW (Straßenbrücke Kreuzbruch; km 41,24)
- Malzer-/Voßkanal: 4,06 m bei MW (Thürenbrücke; km 0,84 Voßkanal)

Service

–

Sehenswürdigkeiten
- Liebenwalde: Kirche von Schinkel

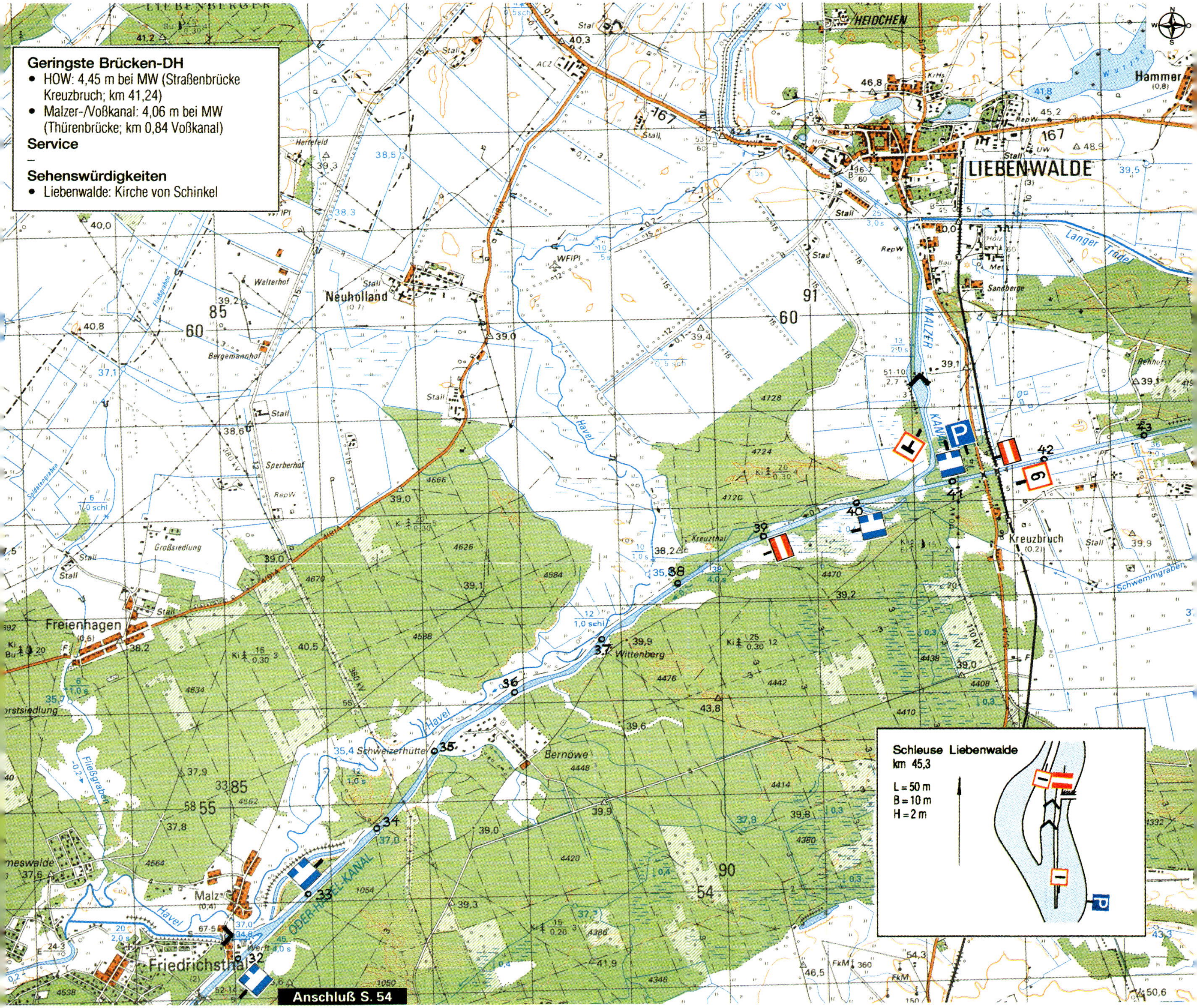

Anschluß S. 54

Der rechte Havelnebenfluß Rhin hat seinen Ursprung in den Rheinsberger Gewässern (s. Bd. „Mecklenburg-Vorpommern") und fließt unterhalb von Rheinsberg als Rheinsberger Rhin bis nach Zippelsförde, wo er in die Ruppiner Gewässer mündet. Aus diesen fließt er als Neuer (oder Wustrauer) und als Alter Rhin (als dieser ist er Bestandteil der Fehrbelliner Wasserstraße) nach Fehrbellin. Von hier aus entwässert er über den Rhinkanal, den Mühlenrhin, den Gülper See und die Gülper Havel (s. dort) in die Untere Havel-Wasserstraße (bei km 128,97 r). Die Rheinsberger Gewässer wurden zwischen 1876 und 1881 schiffbar gemacht und über die Schleuse Wolfsbruch an die Müritz-Havel-Wasserstraße angeschlossen. Der Rheinsberger Rhin zwischen Rheinsberg und Zippelsförde ist nur für Paddelboote befahrbar. Vier zu umtragende Wehre versperren den durchgehenden Weg. Die Gewässer von Lindow über Neuruppin nach Fehrbellin sind Ende des 18. Jahrhunderts für die Schiffahrt ausgebaut und 1786–1788 über den Ruppiner Kanal an die Havel im Raum Oranienburg angeschlossen worden.
Hierzu wurden vier Schleusen in den Ruppiner Gewässern und eine in der Fehrbelliner Wasserstraße errichtet.
Beide Wasserstraßen haben keine offizielle Kilometrierung, km-Angaben vom Oranienburger Kanal in Richtung Lindow, rechtes (r) und linkes (l) Ufer jeweils in Fließrichtung des Rhin, im Ruppiner Kanal in Richtung Oranienburg.
Ab Fehrbellin ist der Rhin bis zum Gülper See (Naturschutzgebiet: Befahren verboten!) wiederum nur für Paddelboote befahrbar.

Wasserstraßendaten

1) Ruppiner Gewässer
Streckenlänge: 71,39 km
Markante Streckenunterteilungen:

- km 00,00–15,10 Ruppiner Kanal
- km15,10–29,65 Untere Rhin-Wasserstraße
- km 29,65–56,65 Obere Rhin-Wasserstraße
- km 56,65–71,39 Lindower Gewässer

Staustufen:

- Tiergartenschleuse (km 2,0)
- Hohenbruch (km 7,1)
- Altfriesack (km 29,1)
- Altruppin (km 45,4)

Höhenunterschied zwischen Alter Havel-Oder-Wasserstraße (Oranienburger Kanal) und Lindow (bei MW): 4,7 m
Wasserspiegelbreiten: 15–20 m
Wassertiefen:

- bis Neuruppin zwischen 1,45 m (bei MNW) und 1,60 m (bei MW)
- bis Lindow zwischen 1,20 m (bei MNW) und 1,45 m (bei MW)
- bis Seebeck zwischen 1,10 m (bei MNW) und 1,30 m (bei MW)

Wasserstraßenprofil: teilweise Muldenprofil, teilweise senkrechte Holzpfahleinfassung
Strömungsgeschwindigkeit: gering, meist unter 0,2 m/s
Geringste Brückendurchfahrtshöhe: 3,4 m bei HSW (Straßenbrücke Lindow)
Einmündende Wasserstraße: km 51,40 r Rottstielfließ und Tornowsee: 3,6 km lang bis Boltenwinkel, Wassertiefen 1,2 m bei MNW bzw. 1,4 m bei MW. An der Rottstielbrücke Durchfahrtshöhe 3,3 m bei HSW.

2) Fehrbelliner Wasserstraße
Streckenlänge: 17,5 km
Markante Streckenunterteilungen:

- km 00,00–11,94 Hakenberger Rhin
- km 11,94–17,50 Fehrbelliner Kanal

Staustufe: Hakenberg (km 8,9)
Höhenunterschied: 1,1 m bei MW
Strömungsgeschwindigkeit: gering, meist unter 0,2 m/s
Geringste Brückendurchfahrtshöhe: An der Eisenbahnbrücke am km 16,2 = 3,5 m bei HSW

3) Rhinkanal und Mühlenrhin
Rhinkanal und Mühlenrhin verbinden Fehrbellin mit der Unteren Havel. sie münden nach einer Fahrt von 40,7 km, bei der 10 Wehre zu umtragen sind, in den Gülper See, dessen Befahren verboten ist. Zu überwindender Höhenunterschied: 10,5 m.

4) Rheinsberger Rhin
Der Rheinsberger Rhin verbindet Rheinsberger und Ruppiner Gewässer miteinander. Vier Wehre sind auf einer Strecke von 18,5 km zu umtragen. Höhenunterschied: 17,3 m (!)

Befahrungshinweise

1) Ruppiner Gewässer
Schleusenöffnungszeiten: (alle Schleusen)

Sommer	Winter
(01. 05.–30. 09.)	(01. 10.–30. 04.)
08.00–12.00 u.	09.00–11.00 u.
14.00–17.00 Uhr	14.00–16.00 Uhr
Fr, Sa, So …–19.00	… –18.00

Zulässige Höchstgeschwindigkeiten: in den Kanälen 8 km/h, auf Seenstrecken 12 km/h
Tankmöglichkeiten: nur etwas weiter vom Wasser entfernte Straßentankstellen in Neuruppin und Lindow

2) Fehrbelliner Wasserstraße
Schleusenöffnungszeiten: 08.00–18.00 Uhr
Zulässige Höchstgeschwindigkeit: 8 km/h
Tankmöglichkeit: etwas weiter entfernte Straßentankstelle in Fehrbellin

3) Rhinkanal und Mühlenrhin
Nur für Kanuten geeignet. Die Fahrt muß am Gülper See abgebrochen werden, da aus Naturschutzgründen ein Befahren des Sees nicht gestattet ist.

4) Rheinsberger Rhin
Nur für Kanuten geeignet. Infolge des recht hohen Gefälles teilweise leichter Wildwassercharakter.

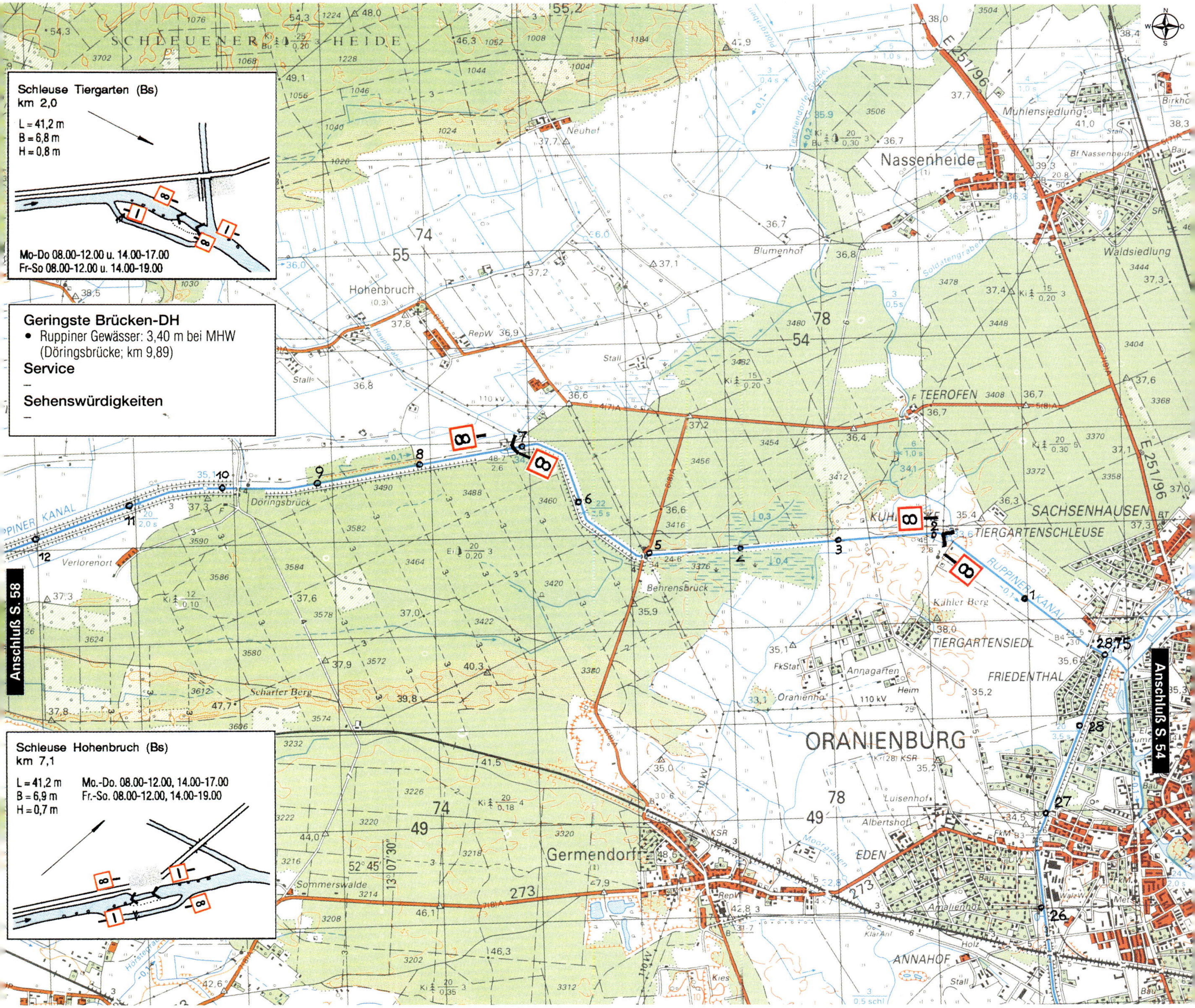

Schleuse Tiergarten (Bs)
km 2,0
L = 41,2 m
B = 6,8 m
H = 0,8 m
Mo-Do 08.00-12.00 u. 14.00-17.00
Fr-So 08.00-12.00 u. 14.00-19.00
Geringste Brücken-DH
• Ruppiner Gewässer: 3,40 m bei MHW (Döringsbrücke; km 9,89)
Service
–
Sehenswürdigkeiten
–
Schleuse Hohenbruch (Bs)
km 7,1
L = 41,2 m
B = 6,9 m
H = 0,7 m
Mo.-Do. 08.00-12.00, 14.00-17.00
Fr.-So. 08.00-12.00, 14.00-19.00
Anschluß S. 58
Anschluß S. 54
SCHLEUENER HEIDE
Nassenheide
Hohenbruch
TEEROFEN
SACHSENHAUSEN
TIERGARTENSCHLEUSE
RUPPINER KANAL
TIERGARTENSIEDL
FRIEDENTHAL
ORANIENBURG
Germendorf
EDEN
ANNAHOF
Döringsbrück
Behrensbrück
Verlorenort
Scharfer Berg
Blumenhof
Neuhof
Mühlensiedlung
Waldsiedlung
Luisenhof
Albertshof
Annagarten
Sommerswalde
E 251/96

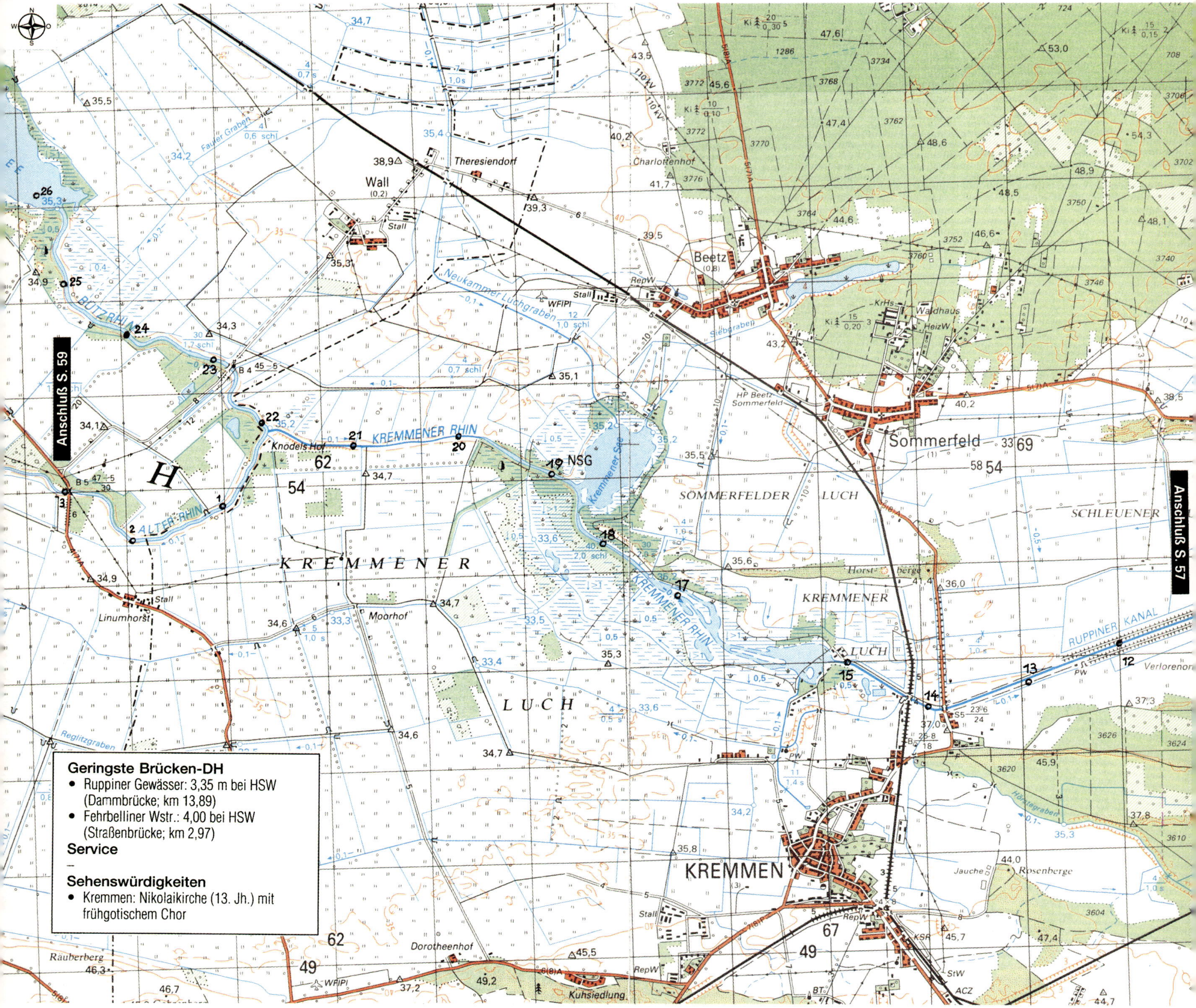

Geringste Brücken-DH

- Ruppiner Gewässer: 3,35 m bei HSW (Dammbrücke; km 13,89)
- Fehrbelliner Wstr.: 4,00 bei HSW (Straßenbrücke; km 2,97)

Service

–

Sehenswürdigkeiten

- Kremmen: Nikolaikirche (13. Jh.) mit frühgotischem Chor

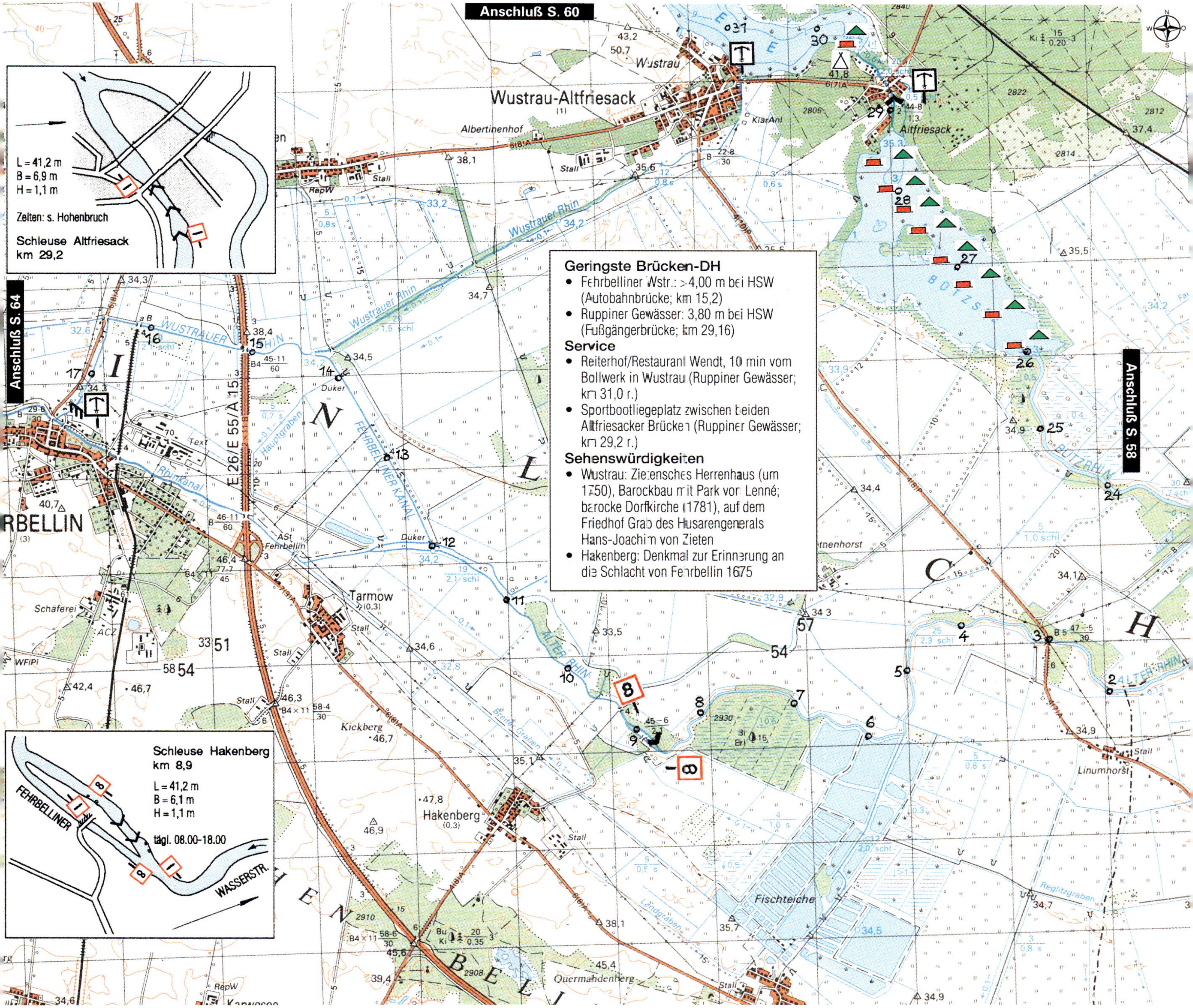
Anschluß S. 60
Anschluß S. 64
Anschluß S. 58
L = 41,2 m
B = 6,9 m
H = 1,1 m
Zelten: s. Hohenbruch
Schleuse Altfriesack
km 29,2
Geringste Brücken-DH
• Fehrbelliner Wstr.: >4,00 m bei HSW (Autobahnbrücke; km 15,2)
• Ruppiner Gewässer: 3,80 m bei HSW (Fußgängerbrücke; km 29,16)
Service
• Reiterhof/Restaurant Wendt, 10 min vom Bollwerk in Wustrau (Ruppiner Gewässer; km 31,0 r.)
• Sportbootliegeplatz zwischen beiden Altfriesacker Brücken (Ruppiner Gewässer; km 29,2 r.)
Sehenswürdigkeiten
• Wustrau: Zietensches Herrenhaus (um 1750), Barockbau mit Park von Lenné; barocke Dorfkirche (1781), auf dem Friedhof Grab des Husarengenerals Hans-Joachim von Zieten
• Hakenberg: Denkmal zur Erinnerung an die Schlacht von Fehrbellin 1675
Schleuse Hakenberg
km 8,9
L = 41,2 m
B = 6,1 m
H = 1,1 m
tägl. 08.00-18.00
FEHRBELLINER
WASSERSTR.
Wustrau-Altfriesack
Wustrau
Altfriesack
Albertinenhof
Wustrauer Rhin
FEHRBELLINER KANAL
Rhinkanal
Hauptgraben
ALTER RHIN
BÜTZRHIN
Tarmow
Kickberg
Hakenberg
Linumhorst
Fischteiche
Quermahdenberg
Schäferei
E 26/E 55/A 15

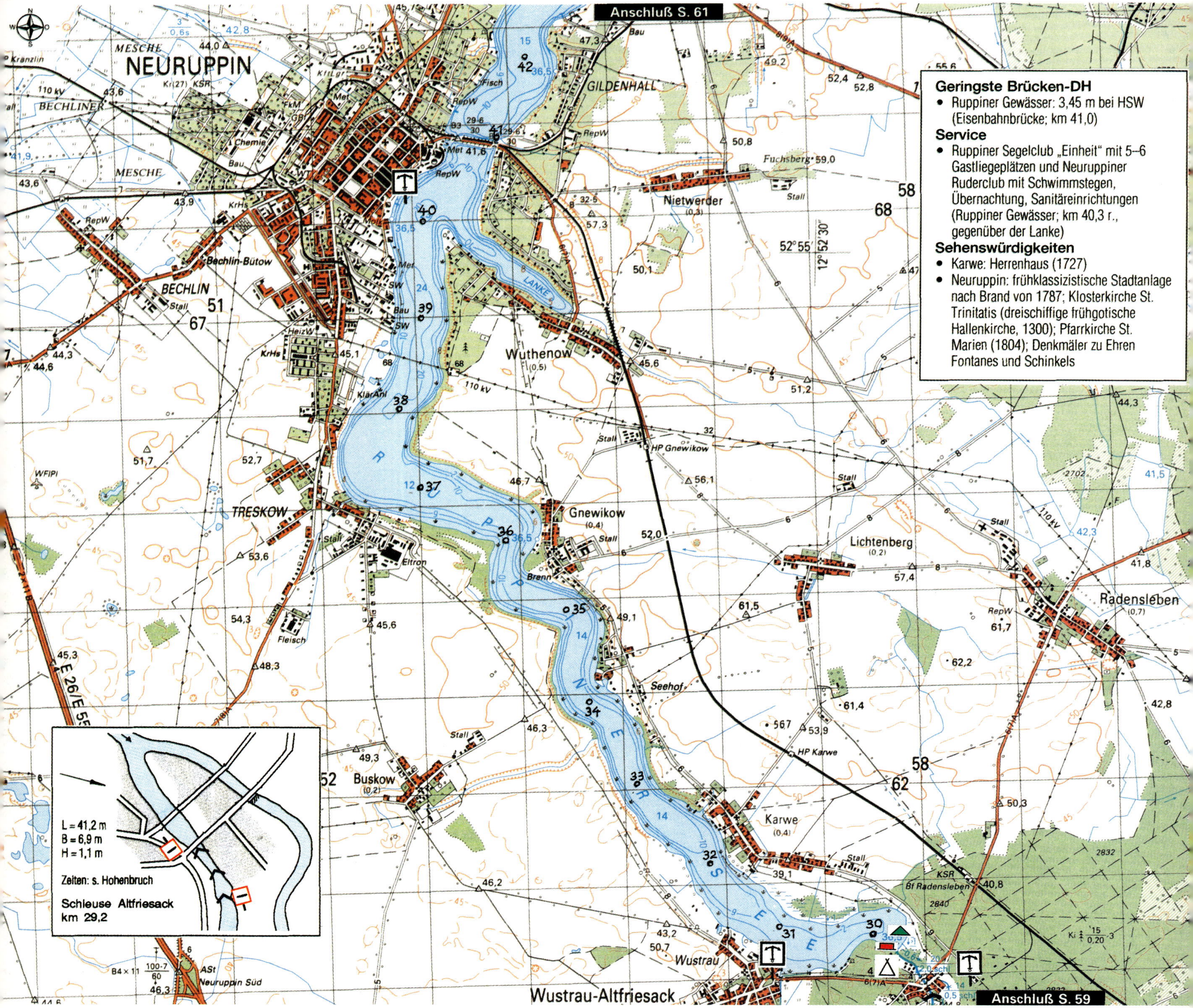

Geringste Brücken-DH

- Ruppiner Gewässer: 3,45 m bei HSW (Eisenbahnbrücke; km 41,0)

Service

- Ruppiner Segelclub „Einheit" mit 5–6 Gastliegeplätzen und Neuruppiner Ruderclub mit Schwimmstegen, Übernachtung, Sanitäreinrichtungen (Ruppiner Gewässer; km 40,3 r., gegenüber der Lanke)

Sehenswürdigkeiten

- Karwe: Herrenhaus (1727)
- Neuruppin: frühklassizistische Stadtanlage nach Brand von 1787; Klosterkirche St. Trinitatis (dreischiffige frühgotische Hallenkirche, 1300); Pfarrkirche St. Marien (1804); Denkmäler zu Ehren Fontanes und Schinkels

Anschluß S. 63

Geringste Brücken-DH
- Ruppiner Gewässer: 3,00 m bei HSW (Stendenitzbrücke bei km 50,52 und Straßenbrücke Zippelsförde bei km 58,48)
- Rottstielfließ: 3,30 m bei HSW (Rottstielbrücke; km 1,3)

Service
- „Waldschenke" mit Steg, daneben internationaler Campingplatz (Ruppiner Gewässer; km 50,5 r.)

Sehenswürdigkeiten
- Stendenitz: Forsthaus mit Waldmuseum
- Molchow: Holzturm mit Glocke von 1522

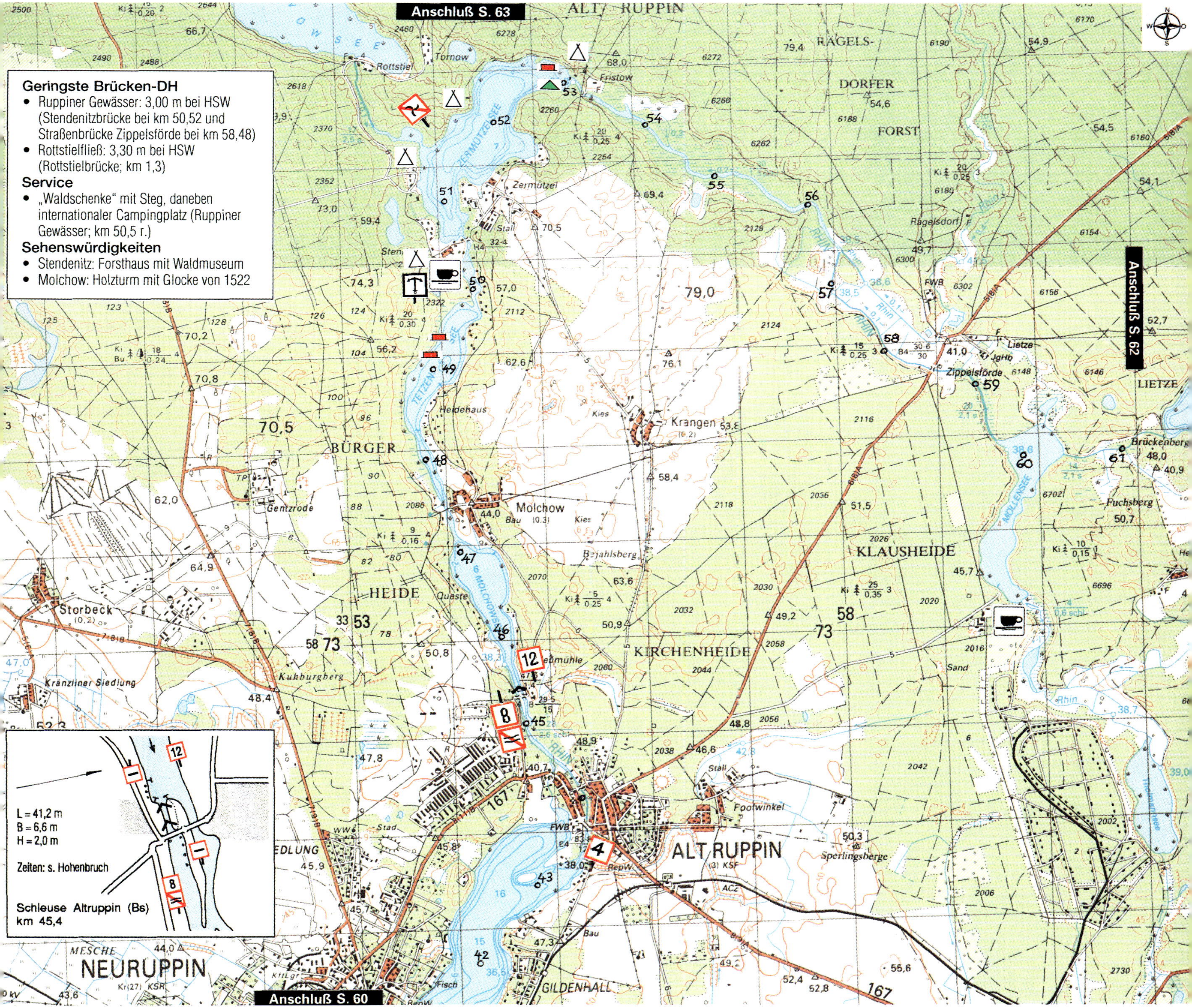

Anschluß S. 62

Anschluß S. 60

Ruppiner Gewässer

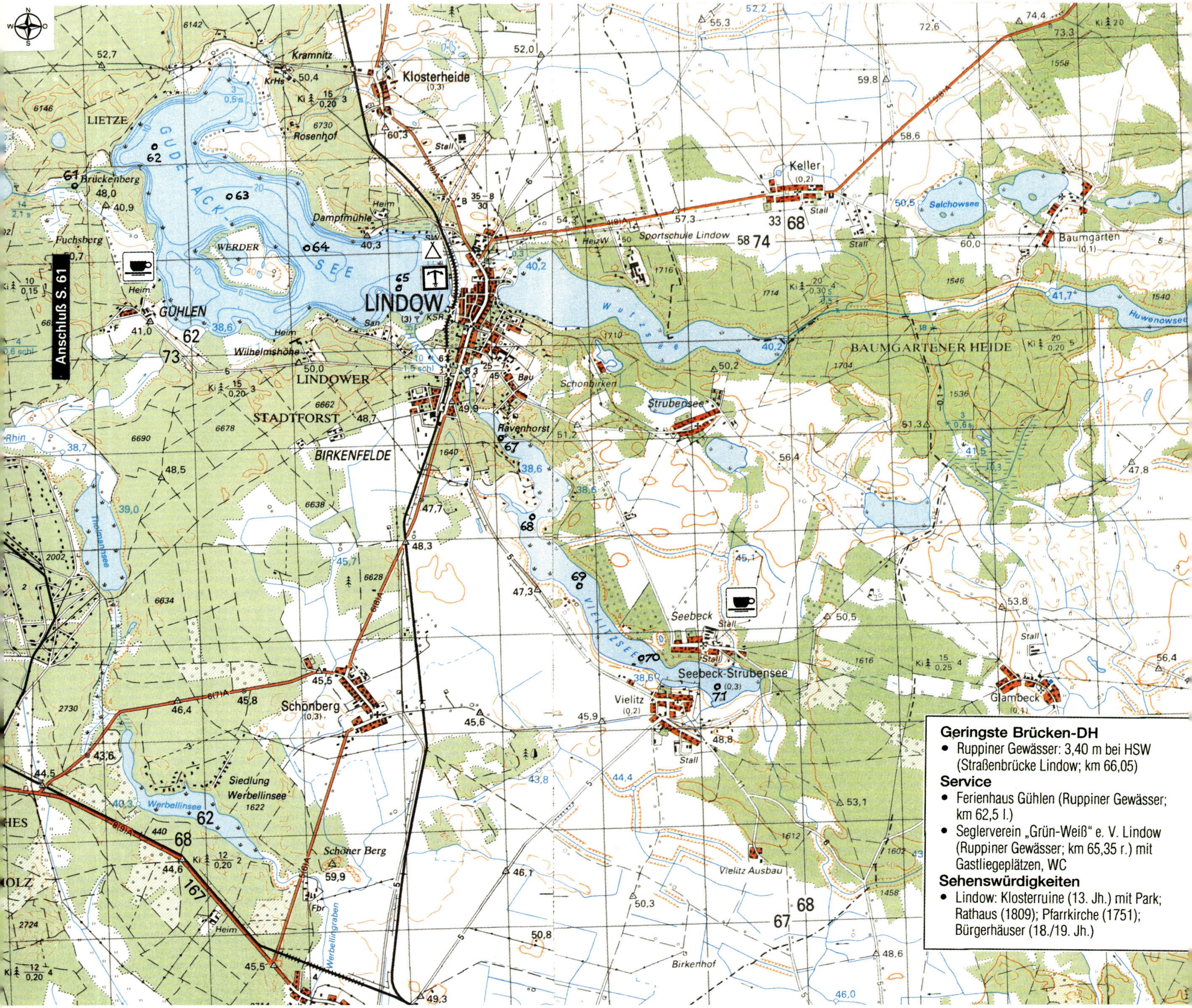

Geringste Brücken-DH

- Ruppiner Gewässer: 3,40 m bei HSW (Straßenbrücke Lindow; km 66,05)

Service

- Ferienhaus Gühlen (Ruppiner Gewässer; km 62,5 l.)
- Seglerverein „Grün-Weiß“ e. V. Lindow (Ruppiner Gewässer; km 65,35 r.) mit Gastliegeplätzen, WC

Sehenswürdigkeiten

- Lindow: Klosterruine (13. Jh.) mit Park; Rathaus (1809); Pfarrkirche (1751); Bürgerhäuser (18./19. Jh.)

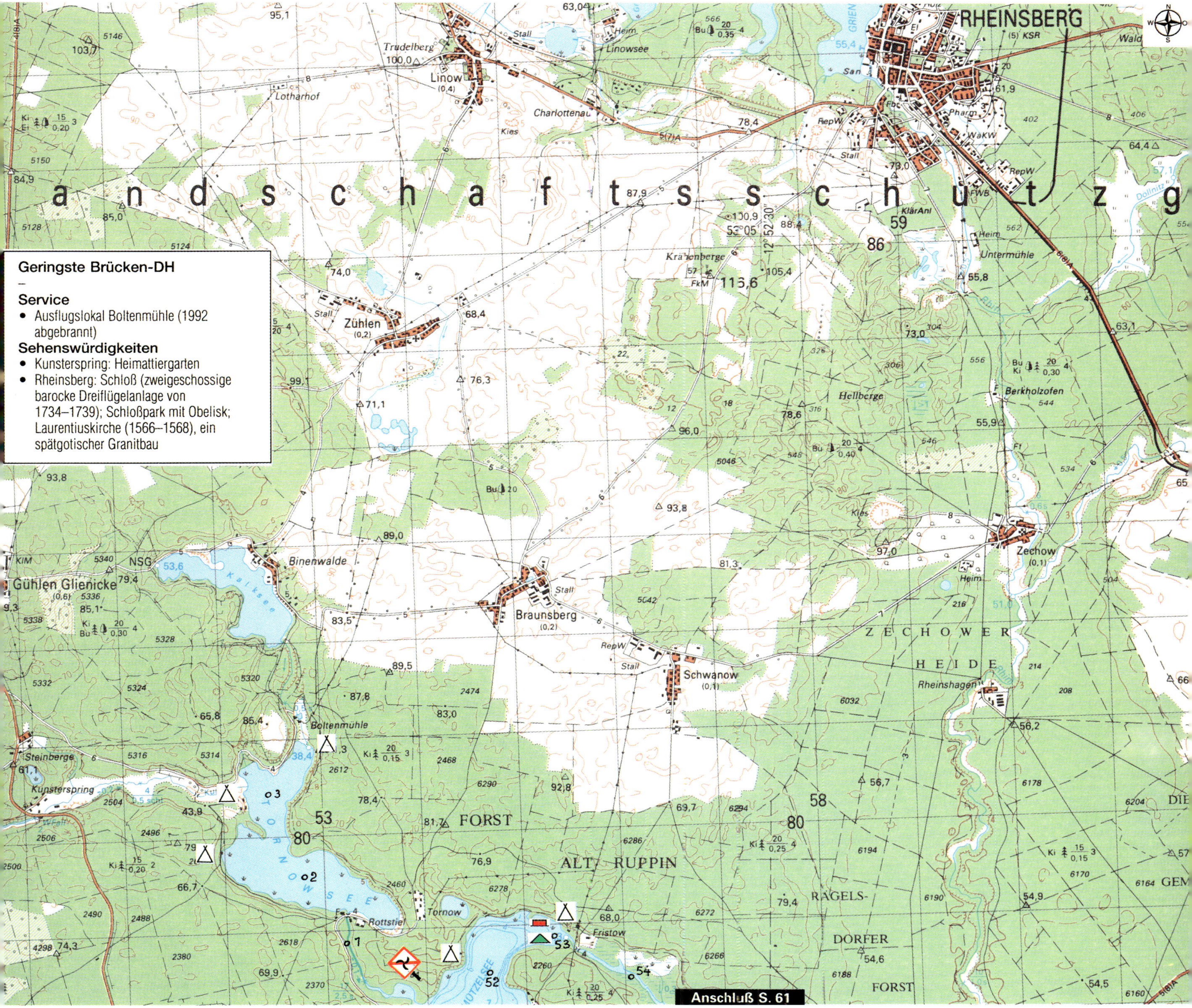

Geringste Brücken-DH

–

Service

- Ausflugslokal Boltenmühle (1992 abgebrannt)

Sehenswürdigkeiten

- Kunsterspring: Heimattiergarten
- Rheinsberg: Schloß (zweigeschossige barocke Dreiflügelanlage von 1734–1739); Schloßpark mit Obelisk; Laurentiuskirche (1566–1568), ein spätgotischer Granitbau

Fehrbelliner Wstr. km 11,0–17,5 und Rhinkanal

Geringste Brücken-DH

- Fehrbelliner Wstr.: >4,00 m bei HSW (Autobahnbrücke; km 15,2)

Service

–

Sehenswürdigkeiten

–

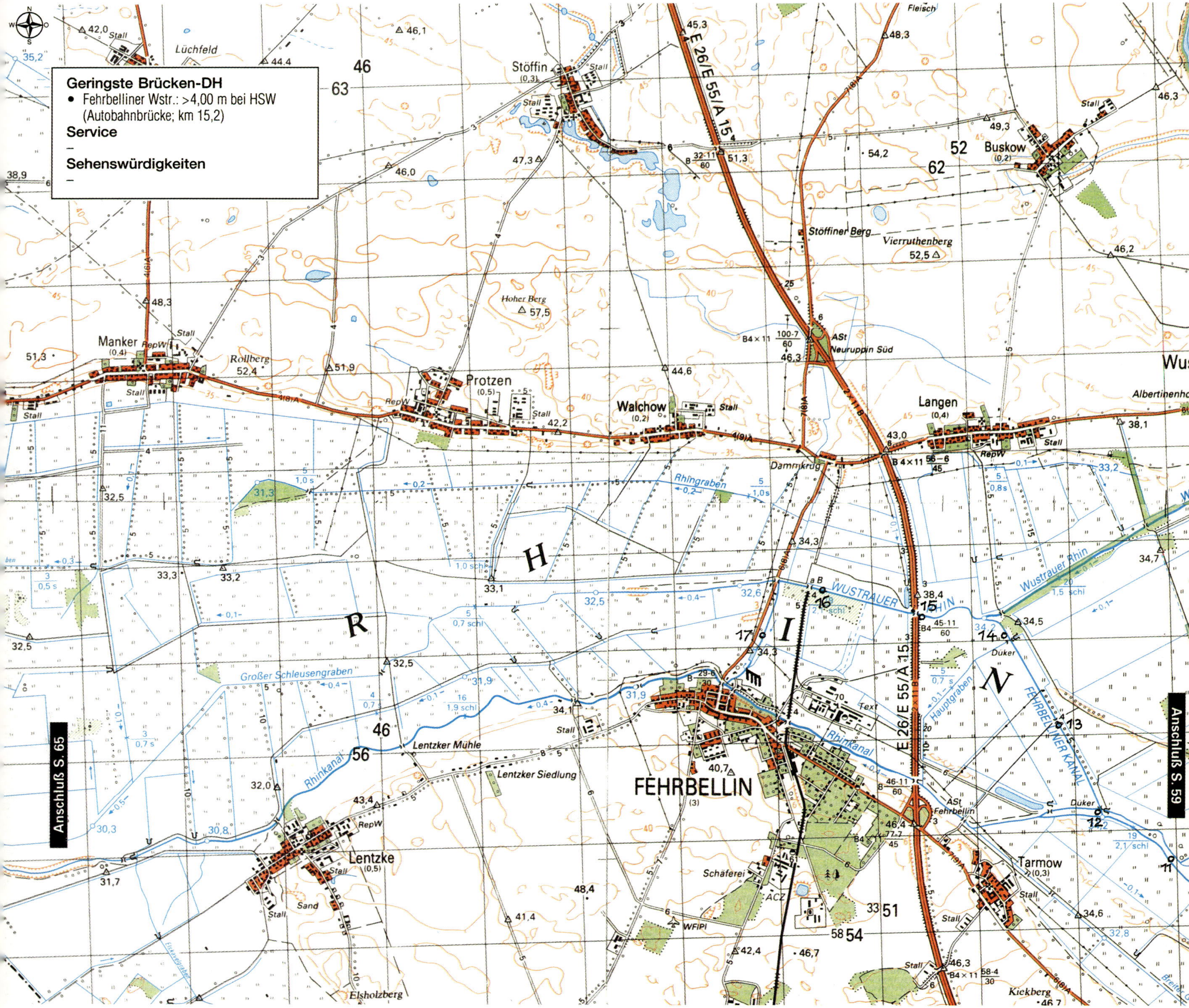

Anschluß S. 65

Anschluß S. 59

Rhinkanal

Anschluß S. 64
Anschluß S. 66
Wutzetz
Wutzetzer Mühle
Damm
Zootzen
Friesacker Zootzen
Klessener Zootzen
Michaelisbruch
Fischershof
Koseshof
Rhinkanal
Am Rhinkanal
Am Schafstall
Bf Friesack
Brandstelle
Briesener Zootzen
Fliederhorst
Bredowsau
Alter Rhin
Friesacker Rhin
FRIESACK
Karolinenhof
Vietznitz
Schönstückenberg
HAVELLÄ
Kleiner Haupt-
Temnitz
Stall
RepW
52° 45'
12° 37' 30"

Rhinkanal

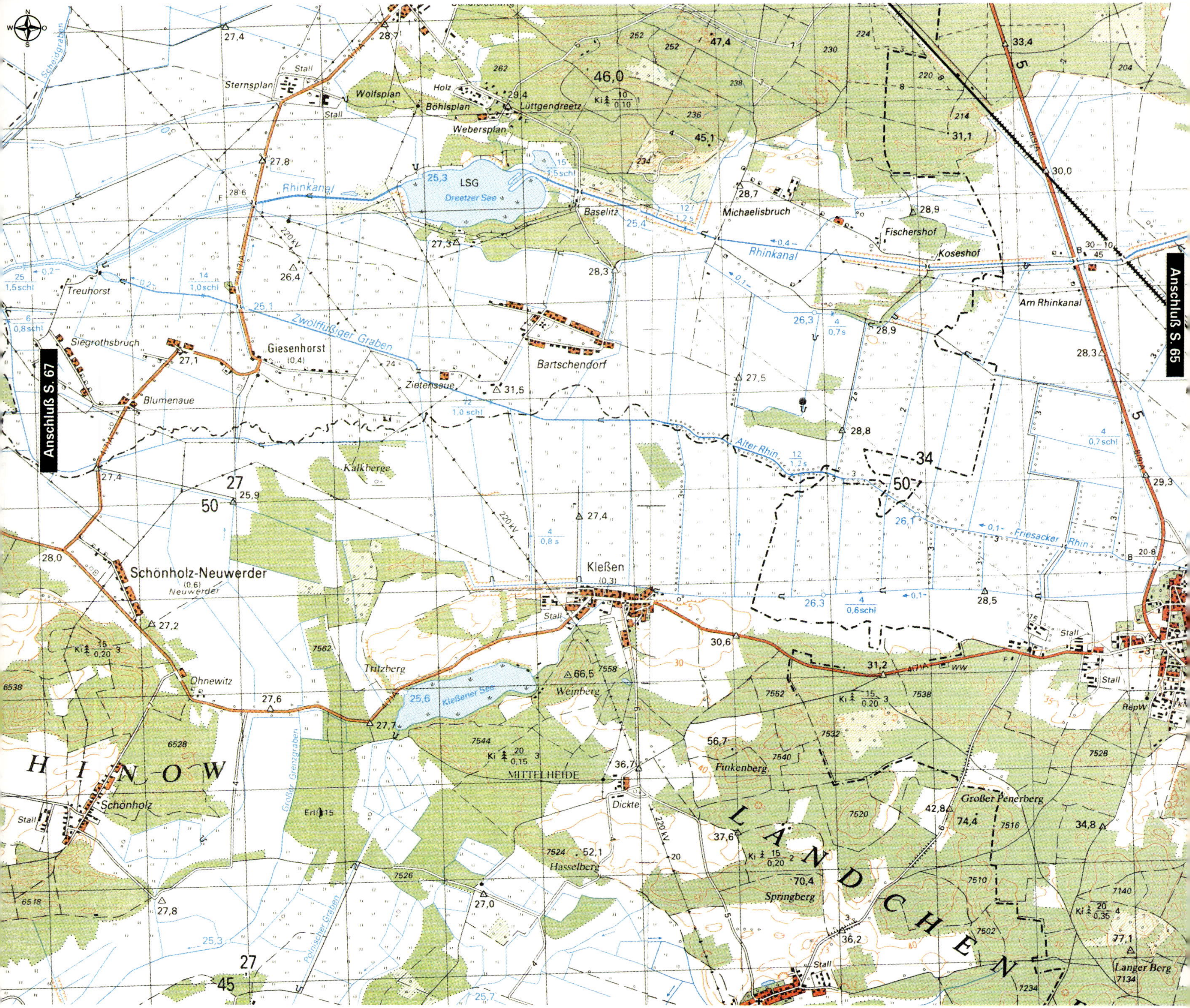
Anschluß S. 67
Anschluß S. 65
Sternsplan
Wolfsplan
Böhlsplan
Holz
Lüttgendreetz
Webersplan
Stall
LSG
Dreetzer See
Rhinkanal
Baselitz
Michaelisbruch
Fischershof
Koseshof
Am Rhinkanal
Treuhorst
Zwölffüßiger Graben
Siegrothsbruch
Giesenhorst
Bartschendorf
Zietensaue
Blumenaue
Alter Rhin
Friesacker Rhin
Kalkberge
Schönholz-Neuwerder
Neuwerder
Kleßen
Tritzberg
Kleßener See
Weinberg
Ohnewitz
Finkenberg
MITTELHEIDE
Dickte
Großer Penerberg
Hasselberg
Springberg
Schönholz
Langer Berg
Scheidgraben
Großer Grenzgraben
Polnischer Graben
H I N O W
L Ä N D C H E N
Schleuse
RepW

Mühlenrhin und Gülper See

Anschluß S. 66

Anschluß S. 25

Geringste Brücken-DH

–

Service

–

Sehenswürdigkeiten

- Stölln: am Gollenberg (unweit des Dorfes) Gedenkstein für den dort tödlich verunglückten Otto v. Lilienthal

Großer Stechlinsee

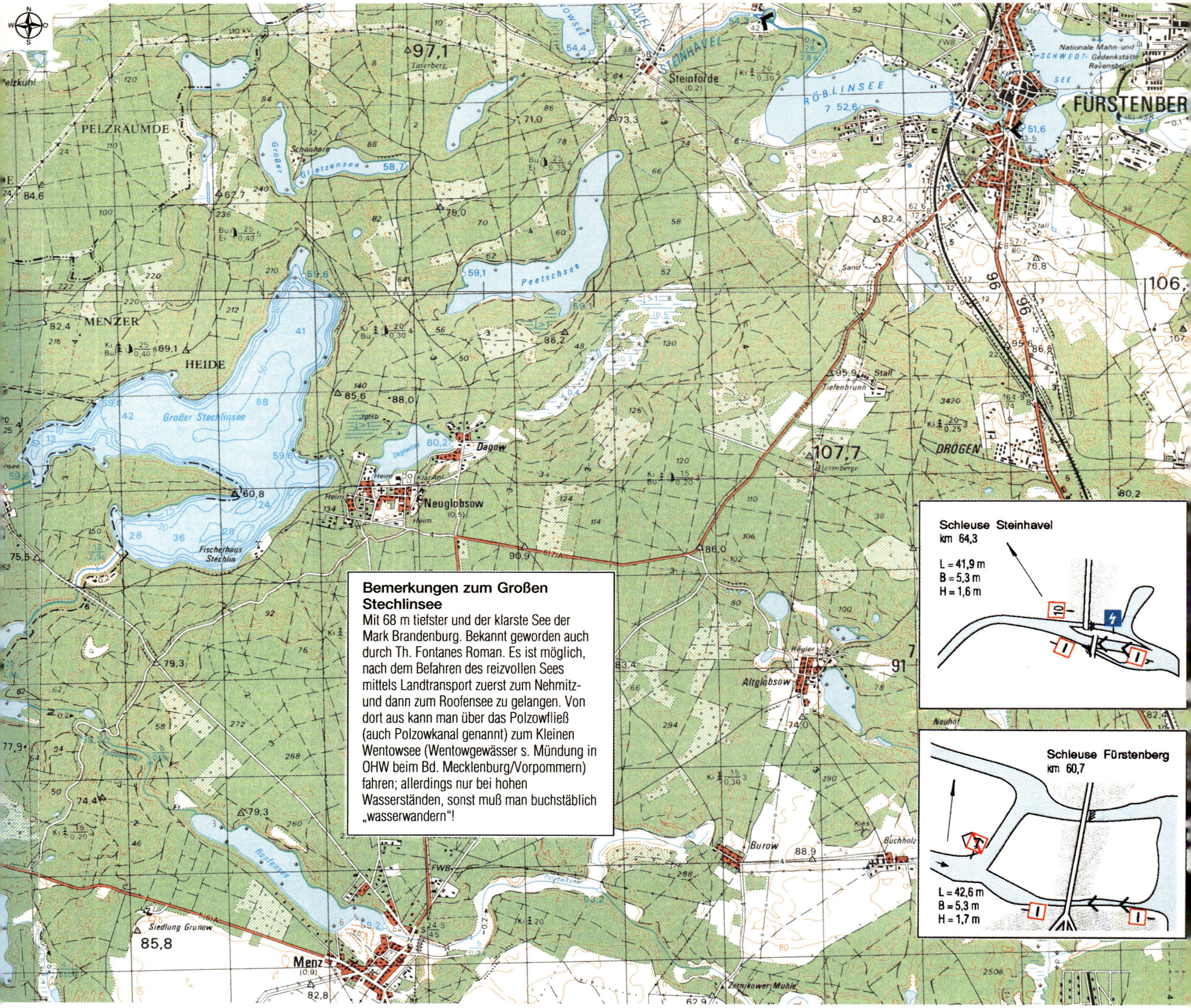

Bemerkungen zum Großen Stechlinsee

Mit 68 m tiefster und der klarste See der Mark Brandenburg. Bekannt geworden auch durch Th. Fontanes Roman. Es ist möglich, nach dem Befahren des reizvollen Sees mittels Landtransport zuerst zum Nehmitz- und dann zum Roofensee zu gelangen. Von dort aus kann man über das Polzowfließ (auch Polzowkanal genannt) zum Kleinen Wentowsee (Wentowgewässer s. Mündung in OHW beim Bd. Mecklenburg/Vorpommern) fahren; allerdings nur bei hohen Wasserständen, sonst muß man buchstäblich „wasserwandern"!

Register der Gewässer und ORTE

Halbfett gesetzte Seitenzahlen geben an, daß die betreffenden Stichwörter in den Karten zu finden sind!

Hausboot - Ferien
Mecklenburger und Märkische Gewässer
Ein unvergeßliches Ferienerlebnis mit komfortablen Hausbooten. Sie sind Ihr eigener Kapitän. Ihr Boot erwartet Sie komplett eingerichtet wie eine Ferienwohnung und bietet 2 bis 11 Personen ausreichend Platz.
Genießen Sie die herrlichen Gewässer Mecklenburgs, Brandenburgs und Berlins. Ausgangspunkte sind unsere Charterbasen Waren (Müritz), Burgwall (Obere-Havel-Wasserstraße) und Zeuthen (Dahme, Berliner Gewässer). Auch Einwegfahrten zwischen diesen Ausgangsbasen werden angeboten.
KUHNLE-TOURS Wassersportzentrum
Waren (Müritz)
• Vermietung von Segelyachten
• Vermietung von Segelkajütkreuzern, Jollen, Motorbooten und Ruderbooten
• Urlaubskurse Segeln und Motor
• Führerscheinkurse und Hausboot-Schnupperwochen
• Hausboot-Skippertraining
• Tages- und Gruppenfahrten
Farbprospekte bei:
KUHNLE-TOURS GmbH
Abt. WS, Nagelstr. 4,
70182 Stuttgart
Tel. (0711) 16 482-0
Fax (0711) 16 482 60
Strandstr. 2, 17192 Waren
Tel. (03991) 73 27 73
Zum Nulltarif
0130 - 85 55 05
KUHNLE-TOURS